발음부터 회화까지 **한 달** 완성

GO! 독학 베트남어 첫걸음

윤선애 · 시원스쿨어학연구소 지음

시원스쿨닷컴

초판 1쇄 발행 2018년 10월 12일
개정2판 1쇄 발행 2025년 2월 6일

지은이 윤선애·시원스쿨어학연구소
펴낸곳 (주)에스제이더블유인터내셔널
펴낸이 양홍걸 이시원

홈페이지 vietnam.siwonschool.com
주소 서울시 영등포구 영신로 166 시원스쿨
교재 구입 문의 02)2014-8151
고객센터 02)6409-0878

ISBN 979-11-6150-938-9 13730
Number 1-420105-25161807-06

머리말

베트남어!

마음은 있지만, 막상 하려고 하면 어떻게 해야 할지 막막하셨나요?
시작은 했으나 책이 너무 어려워 중도에 포기하신 적도 있으셨나요?

이 책은, **베트남어를 하나도 모르는 분들을 위해 쓰자! 그리고 쉽게 쓰자!**라는
두 가지 목표를 두고 집필을 시작했습니다.

필자 또한 성인이 된 이후에 베트남어를 처음 접했고, 배우는 과정에서
수많은 시행착오와 슬럼프를 겪었습니다. 그리고 그 과정에서 깨달은 것이 있다면,
'탄탄한 기초' 없이는 실력 향상도 없다는 것입니다.
많은 표현보다 중요한 것은,
내 입에서 바로 나올 수 있는 쉬운 표현이라는 것입니다.

그렇기에 많은 것을 담기 보다는 **기본에 충실하며, 가장 필요하고**
가장 많이 '사용할 수 있는' 표현만을 엄선하여 담았습니다.

기초 책이기에 집필 기간을 짧게 잡고 시작했지만, '더 쉽게' 만들기 위해
고민하는 과정이 길어져 예상보다 집필 기간이 길어졌습니다.
저와 시원스쿨 편집부가 했던 고민의 시간만큼, 학습자 여러분들이
베트남어를 부담 없이, 또 조금은 더 재미있고 쉽게 배울 수 있기를 바랍니다.

끝으로, 저와 함께 이 책으로 베트남어 공부의 첫 시작을 내디디신 여러분!
이 책과 함께 베트남어 마스터 어떠세요?
필자가 여러분의 베트남어 길잡이가 되어 드리겠습니다.

저자 윤선애

구성과 특징

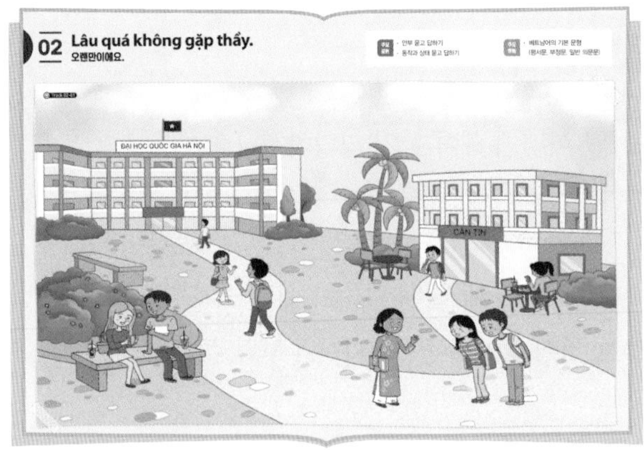

단원 도입

단원의 학습 목표와 주요 표현을 제시하여 학습자가 해당 단원에서 배울 것을 그림과 함께 미리 알 수 있도록 하였습니다.

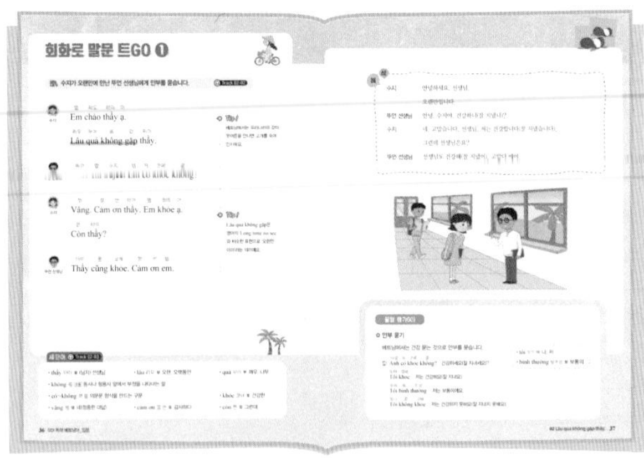

회화로 말문 트GO

모든 베트남어에 한글 독음을 표기하여 입문 단계의 학습자가 익히기 쉽게 구성하였습니다.

꿀팁 챙기GO

본문과 관련된 다양한 종류의 TIP을 제시하였습니다.

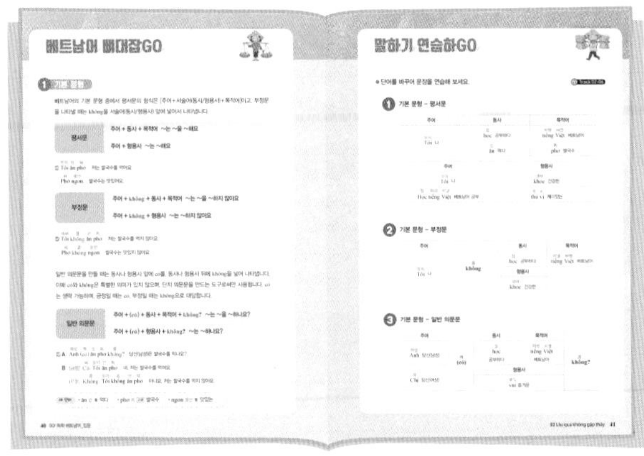

베트남어 뼈대잡GO

단원에서 가장 주요한 표현이 핵심 어법을 쉽게 설명하였습니다.

말하기 연습하GO

핵심 어법을 도식화로 보여주고, 패턴을 이용하여 말하기 연습을 할 수 있도록 구성하였습니다.

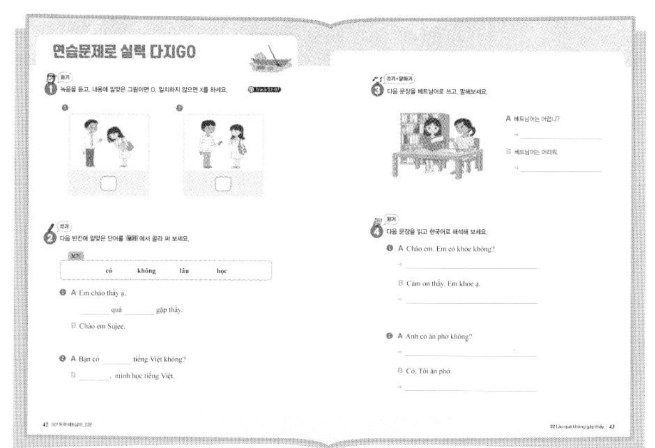

연습문제로 실력 다지GO

학습한 표현과 핵심 어법을 이용하여 듣기, 쓰기, 말하기, 읽기 등 네 영역의 문제를 풀어 볼 수 있게 했습니다.

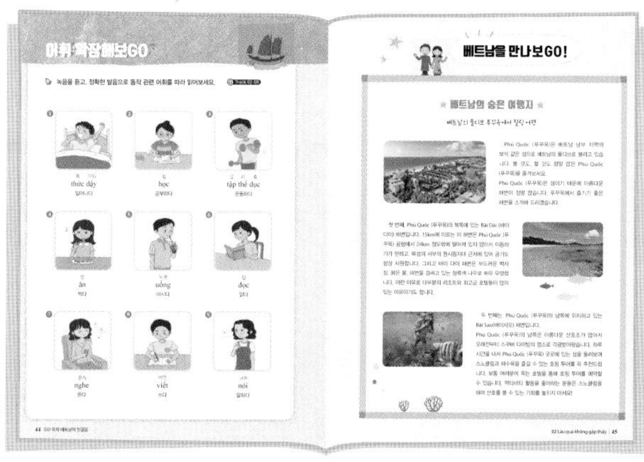

어휘 확장해보GO

그림이나 사진과 함께 주제별 어휘를 암기할 수 있도록 구성하였습니다.

베트남을 만나보GO

베트남의 문화를 생생한 최근 사진과 설명으로 재미있게 구성하였습니다.

별책 부록 및 무료 제공

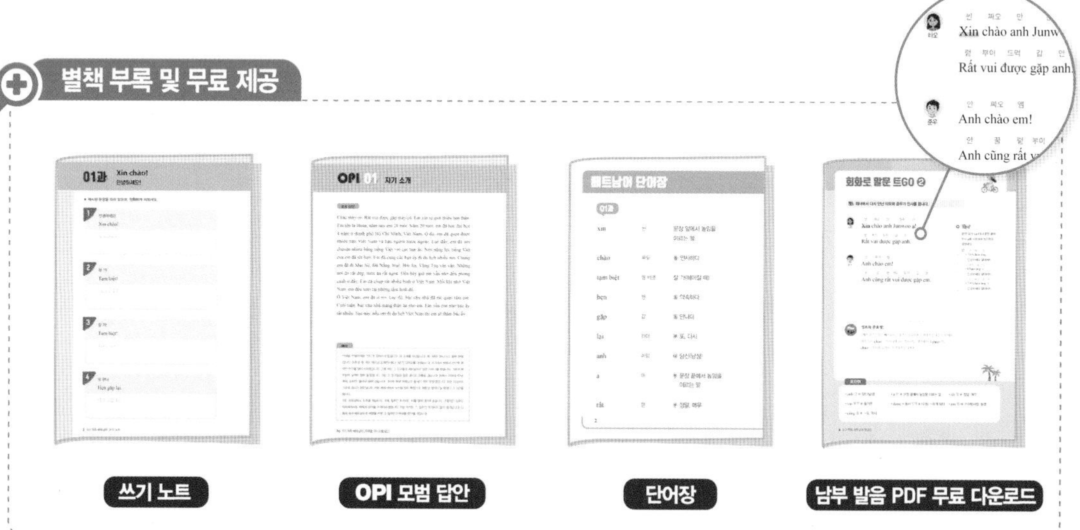

목차

부록

학습플랜

30일 플랜	단원	회화 포인트	어법 포인트
1일	베트남어의 문자와 발음	· 베트남어의 문자 29개를 알 수 있다. · 모음, 자음, 성조, 숫자를 알 수 있다.	· 모음, 자음, 성조 · 숫자
2일	01과	· 만남과 헤어짐 인사하기 · 다시 만났을 때의 인사하기	· 베트남어의 호칭 · 기본 인사
3일	02과	· 안부 묻고 답하기 · 동작과 상태 묻고 답하기	· 베트남어의 기본 문형 (평서문, 부정문, 일반 의문문)
4일	03과	· 이름을 묻고 답하기 · 직업을 묻고 답하기	· là 동사의 평서문과 부정문 · 의문사 gì
5일 6일	04과	· 상대에게 다른 사람 소개하기 · 물건 사기	· là 동사의 의문문 · 지시대명사와 지시형용사
7일 8일	05과	· 국적을 묻고 답하기 · 인적사항을 묻고 답하기	· 의문사 nào · 의문사 đâu
9일 10일	06과	· 계획 묻고 답하기 · 약속 정하기	· 소유와 존재를 나타내는 동사 có · 소유와 존재를 나타내는 동사 có의 의문문
11일 12일	07과	· 가족 구성원 묻고 답하기 · 계획 묻고 답하기	· 기본 시제 (과거, 현재, 미래) · 의문사 ai
13일 14일	08과	· 결혼 여부 묻고 답하기 · 귀국 계획 묻기	· 근접 시제 · 완료와 미완료
15일 16일	09과	· 시간 묻고 답하기 · 나이 묻기	· 수량을 묻는 표현 · 시각 표현

30일 플랜	단원	회화 포인트	어법 포인트
17일 18일	10과	· 날짜 묻고 답하기 · 계획 묻고 답하기	· 날짜 표현 · 의문사 khi nào / bao giờ
19일 20일	11과	· 날씨 묻고 답하기 · 베트남어 공부에 관해 묻기	· 의문사 thế nào · 의문사 bao lâu
21일 22일	12과	· 길 묻고 답하기 · 가능 여부 묻고 답하기	· 사역 동사 cho · 가능과 불가능의 표현
23일 24일	13과	· 가격 흥정하기 · 음식 주문하기	· 종별사 · để의 쓰임 (전치사와 사역 동사)
25일 26일	14과	· 경험 관련 표현하기 · 호텔에서 사용할 표현하기	· 경험 묻기 · 의문사 sao
27일 28일	15과	· 증상 관련 표현하기 · 근황 묻고 답하기	· 수동의 표현 được / bị · 형용사의 점진적 변화 표현
29일 30일	16과	· 제안과 거절 표현하기 · 취미에 관해 묻고 답하기	· 비교문 · 때를 표현하는 부사구 khi

품사 약어표 & 등장 인물

품사 약어표

품사명	약어	품사명	약어	품사명	약어
동사	동	접속사	접	의문사	의
명사	명	조동사	조동	고유명사	고유
부사	부	감탄사	감탄	인칭대명사	대
형용사	형	접두사	접두	지시대명사	지시
전치사	전	수사	수	지시형용사	지시

등장 인물

김준우
31세
한국인

뚜언
38세
베트남인

타오
25세
베트남인

박수지
24세
한국인

헨리
22세
영국인

윌리엄
23세
미국인

호앙 투이 링
40세
베트남인

줄리아
23세
프랑스인

베트남어의 문자와 발음

1 문자

2 발음

❶ 모음 (단모음, 복모음)

❷ 자음 (단자음, 복자음)

❸ 장단음의 구분

❹ 주의해야 할 발음

베트남어의 성조

베트남어 숫자

발음 무료 강의

베트남어의 문자와 발음

1 문자

Track 00-01

베트남어의 문자는 기본 29개의 알파벳으로 되어 있으며, 영어의 'F, J, W, Z'는 없고, 'Ă, Â, Đ, Ê, Ô, Ơ, Ư'가 추가로 구성되어 있습니다.

문자		명칭
A	a	a [아]
Ă	ă	á [아]
Â	â	ớ [어]
B	b	bê [베]
C	c	xê [쎄]
D	d	dê [제]
Đ	đ	đê [데]
E	e	e [애]
Ê	ê	ê [에]
G	g	giê [지에]
H	h	hát [핟]
I	i	i(i ngắn) [이 (이 응안)]
K	k	ca [까]

L	l	e-lờ [앨러]
M	m	em-mờ [앰머]
N	n	en-nờ [앤너]
O	o	o [어 / 오] (중간 발음)
Ô	ô	ô [오]
Ơ	ơ	ơ [어]
P	p	pê [뻬]
Q	q	quy [꾸이]
R	r	e-rờ [애러]
S	s	ét-sì [앧씨]
T	t	tê [떼]
U	u	u [우]
Ư	ư	ư [으]
V	v	vê [베]
X	x	ích-xì [익씨]
Y	y	i(i dài) [이 (이 자이)]

2 발음

1. 모음

❶ 단모음

Track 00-02

문자	발음	예
A a	아	an [안] 편안한, 평화로운 xa [싸] 먼
Ă ă	짧은 아	ăn [안] 먹다 tăm [땀] 이쑤시개
Â â	짧은 어	âm [엄] 음성, 소리 sâu [써우] 깊은
E e	애	én [앤] 제비 me [매] 어머니
Ê ê	에	ếch [엑] 개구리 bếp [벱] 주방
I i	이	im [임] 조용한 tai [따이] 귀
Y y	이	y học [이 헙] 의학 tay [따이] 손
O o	오/어 (중간발음)	ong [엉] 벌 to [떠] 큰
Ô ô	오	ôn [온] 복습하다 tôi [또이] 나
Ơ ơ	긴 어	ơn [언] 호의, 은혜 phở [퍼] 쌀국수
U u	우	uốn [우온] 구부리다 mũ [무] 모자
Ư ư	으	nước [느억] 물, 나라 gương [그엉] 거울

❷ 복모음

베트남어는 단모음 외, 2중 모음 또는 3중 모음이 있습니다. 이때 단모음의 발음을 그대로 이어 발음하면 됩니다. 단, 예외적으로 〈자음+ia, ua, ưa〉의 형태면 끝의 a 발음은 '아'가 아닌 '어'로 합니다.

예	자음 +	ia	chia [찌어] 나누다	mía [미어] 사탕수수
		ua	mua [무어] 사다	cua [꾸어] 게
		ưa	sửa [쓰어] 수리하다	chưa [쯔어] 아직 ~않다

2. 자음

❶ 단자음

Track 00-03

문자	발음	예
B b	ㅂ	ba [바] 숫자 3 bàn [반] 책상
C c	첫 자음: ㄲ 끝 자음: ㄱ / ㅂ (o, ô, u+c 받침)	cô [꼬] 고모, (여자) 선생님 Bắc [박] 북쪽
D d	Z (남부: ㅇ)	dì [지(이)] 이모 dài [자이(야이)] 긴
Đ đ	ㄷ	đưa [드어] 건네주다 đũa [두어] 젓가락
G g	ㄱ	ga [가] 역 gửi [그이] 보내다
H h	ㅎ	hổ [호] 호랑이 hay [하이] 좋은, 멋진
K k	ㄲ	kỹ [끼] 주의 깊게 kéo [깨오] 가위

L l	ㄹ	**lỗ** [로] 구멍 **ly** [리] 잔
M m	ㅁ	**mùa** [무어] 계절 **mềm** [멤] 부드러운
N n	ㄴ	**nón** [넌] 베트남 모자 **bận** [번] 바쁜
P p	첫 자음: ㅃ 끝 자음: ㅂ	**pin** [삔] 배터리 **nắp** [납] 뚜껑
Q q	꾸 (q+u 형태로 항상 결합)	**quý** [꾸이] 귀한 **quận** [꾸언] 군, 구, 지역
R r	Z (남부: ㄹ)	**râu** [저우(러우)] 수염 **rùa** [주어(루어)] 거북이
S s	ㅆ	**suối** [쑤오이] 개천 **sữa** [쓰어] 우유
T t	첫 자음: ㄸ 끝 자음: ㄷ	**Tây** [떠이] 서쪽 **một** [몯] 숫자 1
V v	V (남부: ㅇ)	**vui** [부이] 기쁜 **vai** [바이] 어깨
X x	ㅆ	**xin** [씬] 요청하다 **xuân** [쑤언] 봄

TIP!

- C + a, ă, â, o, ô, ơ, u, ư
- G + a, ă, â, o, ô, ơ, u, ư
- K + e, ê, i, y

❷ 복자음

Track 00-04

문자	발음	예
ch	첫 자음: ㅉ 끝 자음: ik [익]	**chó** [쩌] 개 (동물) **cách** [까익] 방법, 거리
gh	ㄱ	**ghi** [기] 기록하다 **ghen** [갠] 시샘하는
gi	Z (남부:ㅇ)	**giữa** [지으어(이으어)] 중간 **giá** [지아(이아)] 가격
kh	ㅋ	**khác** [칵] 다른 **kho** [커] 창고
ng	첫 자음: 응 끝 자음: ㅇ / ㅁ	**ngủ** [응우] 자다 **nóng** [넘] 더운
ngh	응	**nghe** [응애] 듣다 **nghỉ** [응이] 쉬다
nh	첫 자음: 니 (결합 모음에 따라 달라짐) 끝 자음: ing [잉]	**nhà** [냐] 집, 가정 **chanh** [짜잉] 레몬
ph	ㅍ	**phở** [퍼] 쌀국수 **phòng** [펌] 방
th	ㅌ	**thìa** [티어] 숟가락 **thư** [트] 편지
tr	ㅉ	**trà** [짜] 차 **tranh** [짜잉] 그림

TIP!

• gh + e, ê, i • ng + a, ă, â, o, ô, ơ, u, ư • ngh + e, ê, i

3. 장단음의 구분

❶ A a와 Ă ă의 구분

· **A a** 긴 [아]　　길고 곧은 음으로 길게 소리냅니다.

문자	발음	예
A a	긴 [아] 아 →	an (ninh) [안 니잉] 안녕 can [깐] 캔 mang [망] 가지다

· **Ă ă** 짧은 [아]　　짧고 약간 올리면서 소리냅니다.

문자	발음	예
Ă ă	짧은 [아] 아 ↗	ăn [안] 먹다 căn [깐] 채(집의 단위) măng [망] 죽순

예문으로 연습해 볼까요!

Cô An có 2 căn nhà.
An 이모는 집이 두 채 있어요.

Họ ăn cơm và uống hết 1 can rượu.
그들은 밥을 먹고 술 한 캔을 다 마셨어요.

❷ Ơ ơ와 Â â의 구분

· **Ơ ơ** 긴 [어]　　길고 곧은 음으로 길게 소리냅니다.

문자	발음	예
Ơ ơ	긴 [어] 어 →	(cảm) ơn [깜 언] 감사하다 cơn (mưa) [껀 므어] 비 bơi [버이] 수영하다

· **Â â** 짧은 [어]　　짧고 끝을 약간 올리면서 소리냅니다.

문자	발음	예
Â â	짧은 [어] 어 ↗	ân (cần) [언 껀] 주의깊은, 자상한 cân [껀] 킬로그램 bây (giờ) [버이 지어] 지금

예문으로 연습해 볼까요!

Cảm ơn vì sự ân cần của anh.
당신의 친절에 감사드립니다.

Bây giờ có cơn mưa.
지금 비가 와요.

❸ I i와 Y y의 구분

문자	발음	예
I i	긴 [이] 이 ⟶	hai [하이] 숫자 2 mai [마이] 내일

문자	발음	예
Y y	짧은 [이] 이 →	hay [하이] 재미있는 may [마이] 행운, 꿰매다

* 단모음으로 올 때는 구별하지 않고 발음합니다.

예문으로 연습해 볼까요!

Hai bộ phim này hay quá!
이 두 영화가 너무 재미있어요!

Mong ngày mai tôi sẽ gặp may.
내일 행운을 빌어요.

4. 주의해야 할 발음

❶ E e와 Ê ê의 구분

· **E e** 입모양이 양쪽으로 벌리며, 우리말의 '애'와 비슷하게 발음합니다.
· **Ê ê** 입모양을 위아래, 동그랗게 벌리며, '에'와 비슷하게 발음합니다.

문자	발음	예
E e	애	em [앰] 손아랫사람, 동생 đem [댐] 들고가다, 가지고 오다(가다) xe [쌔] 차

문자	발음	예
Ê ê	에	êm [엠] 부드러운 đêm [뎀] 밤 xê [쎄] 옮기다

예문으로 연습해 볼까요!

Giường của em tôi rất êm!
제 동생의 침대는 아주 부드러워요!

Anh ấy đem quà tới vào buổi đêm.
그는 밤에 선물을 가지고 왔어요.

Xê xe qua một bên!
차를 한 쪽으로 옮기세요!

❷ O o와 Ô ô의 구분

· **O o** 우리말의 '오'와 '어' 사이의 소리로 발음하며, '오'보다 입을 크게 벌려 발음합니다.
· **Ô ô** 우리말 '오'와 비슷하게 발음합니다.

문자	발음	예
O o	오/어 (중간발음)	con [껀] 아이, 자식 ong [엉] 벌 kho [커] 창고, 조리다

문자	발음	예
Ô ô	오	hôn [혼] 뽀뽀하다, 키스하다 ông [옴] 할아버지 khô [코] 마른, 건조한

예문으로 연습해 볼까요!

Con hôn má tôi.
아이가 내 볼에 뽀뽀했어요.

Ông tôi bị ong đốt.
제 할아버지는 벌에 쏘였어요.

Cất củi khô vào kho.
마른 장작을 창고에 넣어요.

예문으로 복습해 볼까요!

Cô An có 2 căn nhà.
An 이모는 집이 두 채 있어요.

Họ ăn cơm và uống hết 1 can rượu.
그들은 밥을 먹고 술 한 캔을 다 마셨어요.

Cảm ơn vì sự ân cần của anh.
당신의 친절에 감사드립니다.

Bây giờ có cơn mưa.
지금 비가 와요.

Hai bộ phim này hay quá!
이 두 영화가 너무 재미있어요!

Mong ngày mai tôi sẽ gặp may.
내일 행운을 빌어요.

Giường của em tôi rất êm!
제 동생의 침대는 아주 부드러워요!

Anh ấy đem quà tới vào buổi đêm.
그는 밤에 선물을 가지고 왔어요.

Xê xe qua một bên!
차를 한 쪽으로 옮기세요!

Con hôn má tôi.
아이가 내 볼에 뽀뽀했어요.

Ông tôi bị ong đốt.
제 할아버지는 벌에 쏘였어요.

Cất củi khô vào kho.
마른 장작을 창고에 넣어요.

베트남어의 성조

베트남어는 6개의 성조가 있습니다. 성조 기호는 중심 모음의 위 또는 아래에 붙여줍니다.

Track 00-05

ma

성조 이름	표기	특징	예
Dấu Không (Thanh Ngang)	없음	– 꺾임이 없는 평상음 – 약간 높은 '솔'음의 소리	ma [마] 마귀

má

성조 이름	표기	특징	예
Dấu Sắc (Thanh Sắc)	´	– 낮은 곳에서 높은 곳으로 올려주는 음	má [마] 뺨, 어머니

mà

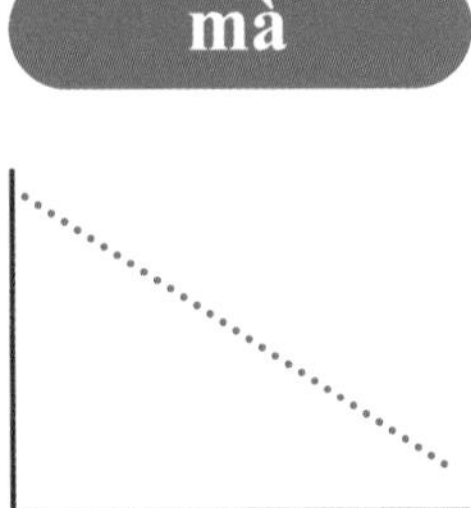

성조 이름	표기	특징	예
Dấu Huyền (Thanh Huyền)	`	– 중간 음에서 낮은 곳으로 내려주는 음	mà [마] 그러나

mả

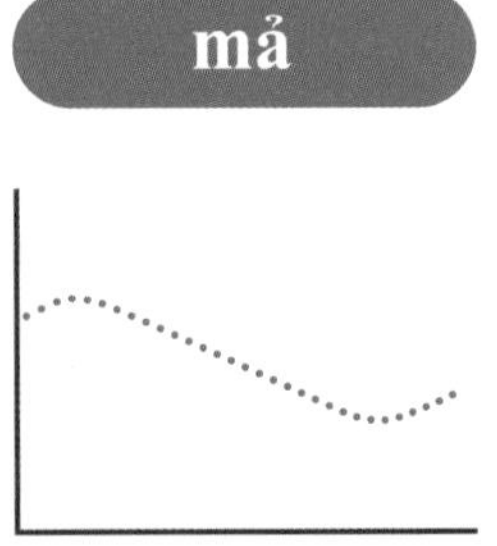

성조 이름	표기	특징	예
Dấu Hỏi (Thanh Hỏi)	̉	– 중간 음 > 낮은 음 > 중간 음으로 다시 돌아오는 음	mả [마] 무덤

mã

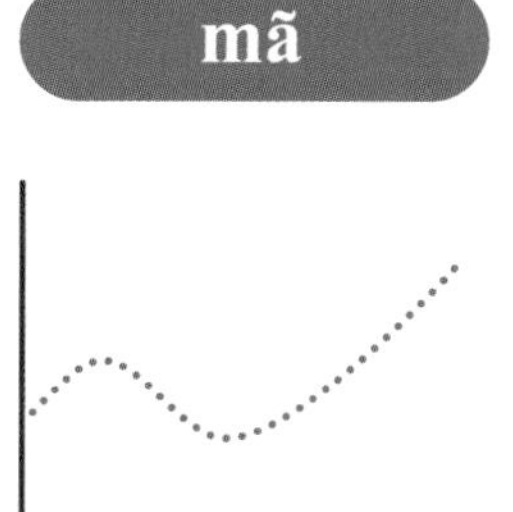

성조 이름	표기	특징	예
Dấu Ngã (Thanh Ngã)	~	– 중간 톤에서 짧게 끊고, 더 높은 음에서 짧게 하는 음	mã [마] 말

mạ

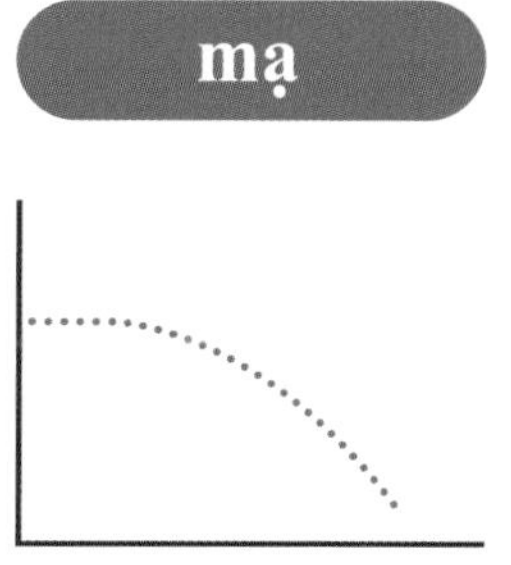

성조 이름	표기	특징	예
Dấu Nặng (Thanh Nặng)	•	– 가장 낮은 음에서 떨어지듯 내는 음	mạ [마] 벼

〈성조 표기법〉

모음의 수	표기법	예
1개의 모음	그 모음에 표기	dễ [제(예)] 쉬운 bốn [본] 숫자 4
2개의 모음	뒤 자음 X : 첫 번째 모음 표기 뒤 자음 O : 끝 모음 표기	mùa [무어] 계절 muốn [무온] 원하다
3개의 모음	뒤 자음 X : 가운데 모음 표기 뒤 자음 O : 끝 모음 표기	chuối [쭈오이] 바나나 chuyện [쭈이엔] 이야기

베트남어의 숫자

1. 기수

Track 00-06

0~99

0~9	0 không [콤]	1 một [몯]	2 hai [하이]	3 ba [바]	4 bốn [본]	5 năm [남]	6 sáu [싸우]	7 bảy [바이]	8 tám [땀]	9 chín [찐]
10~19	10 mười [므어이]	11 mười một [므어이 몯]	12 mười hai [므어이 하이]	13 mười ba [므어이 바]	14 mười bốn [므어이 본]	15 mười lăm [므어이 람]	16 mười sáu [므어이 싸우]	17 mười bảy [므어이 바이]	18 mười tám [므어이 땀]	19 mười chín [므어이 찐]
법칙 1	➡ 15, 25, 35, ··· , 95 : 십의 자리에 수가 존재하는 경우, 5는 **năm** → **lăm** 으로 발음이 변합니다.									
20~99	20 hai **mươi**	21 hai **mươi mốt**	22 hai **mươi** hai	23 hai **mươi** ba	24 hai **mươi** bốn	25 hai **mươi lăm**	30 ba **mươi**	31 ba **mươi mốt**	···	99 chín **mươi** chín
법칙 2	➡ 20, 21, 22, ···, 99 : 20 이상에서는 〈숫자 + mươi〉의 형태로 **mười** → **mươi** 로 성조가 변합니다.									
법칙 3	➡ 21, 31, 41, ···, 91 : 십 자리가 mươi로 읽힐 때의 일의 자리 숫자 1은 **một** → **mốt** 으로 성조가 변합니다.									

100의 자릿수

100	101	···	999
một trăm	một trăm linh(lẻ) một	···	chín trăm chín mươi chín

법칙 4	➡ 백 자리 이상의 수에서 십의 자리가 0인 경우, **linh** 또는 **lẻ** 을 넣어 읽으며, 그렇지 않은 경우의 수는 이전 법칙이 그대로 적용됩니다.

1000의 자릿수

1000	1001	…	9999
một nghìn(ngàn)	một nghìn(ngàn) **không trăm linh(lẻ)** một	…	chín nghìn(ngàn) chín trăm chín mươi chín

법칙 5	➡ 천 자리 이상의 수에서 백 자리가 0인 경우, **không trăm** 을 넣어 읽으며, 그렇지 않은 경우의 수는 이전 법칙이 그대로 적용됩니다.

10.000의 자리 이상의 수

법칙 6	➡ 만 자리 이상의 수는 마침표(.)를 기준으로 세 자리씩 단위가 변합니다.

10.000	만	mười nghìn(ngàn)
100.000	십만	một trăm nghìn(ngàn)
1.000.000	백만	một triệu
10.000.000	천만	mười triệu
100.000.000	일억	một trăm triệu
1.000.000.000	십억	một tỷ

※ 베트남에서는 숫자의 단위를 끊는 기호가 우리와는 달리 세 단위씩 쉼표(,)가 아닌 마침표(.)로 하며, 반대로 소수점의 경우 마침표(.)가 아닌 쉼표(,)로 나타냅니다.

2. 서수

서수	➡ 서수는 **thứ + 숫자(기수)**의 형태로 표현하며, 특히 기존 기수와 철자가 다른 1과 4는 주의합니다.

thứ **nhất** 첫 번째	thứ hai 두 번째	thứ ba 세 번째	thứ **tư** 네 번째	thứ năm 다섯 번째	…

01 Xin chào!
안녕하세요!

주요 표현
- 만남과 헤어짐 인사하기
- 다시 만났을 때의 인사하기

주요 어법
- 베트남어의 호칭
- 기본 인사

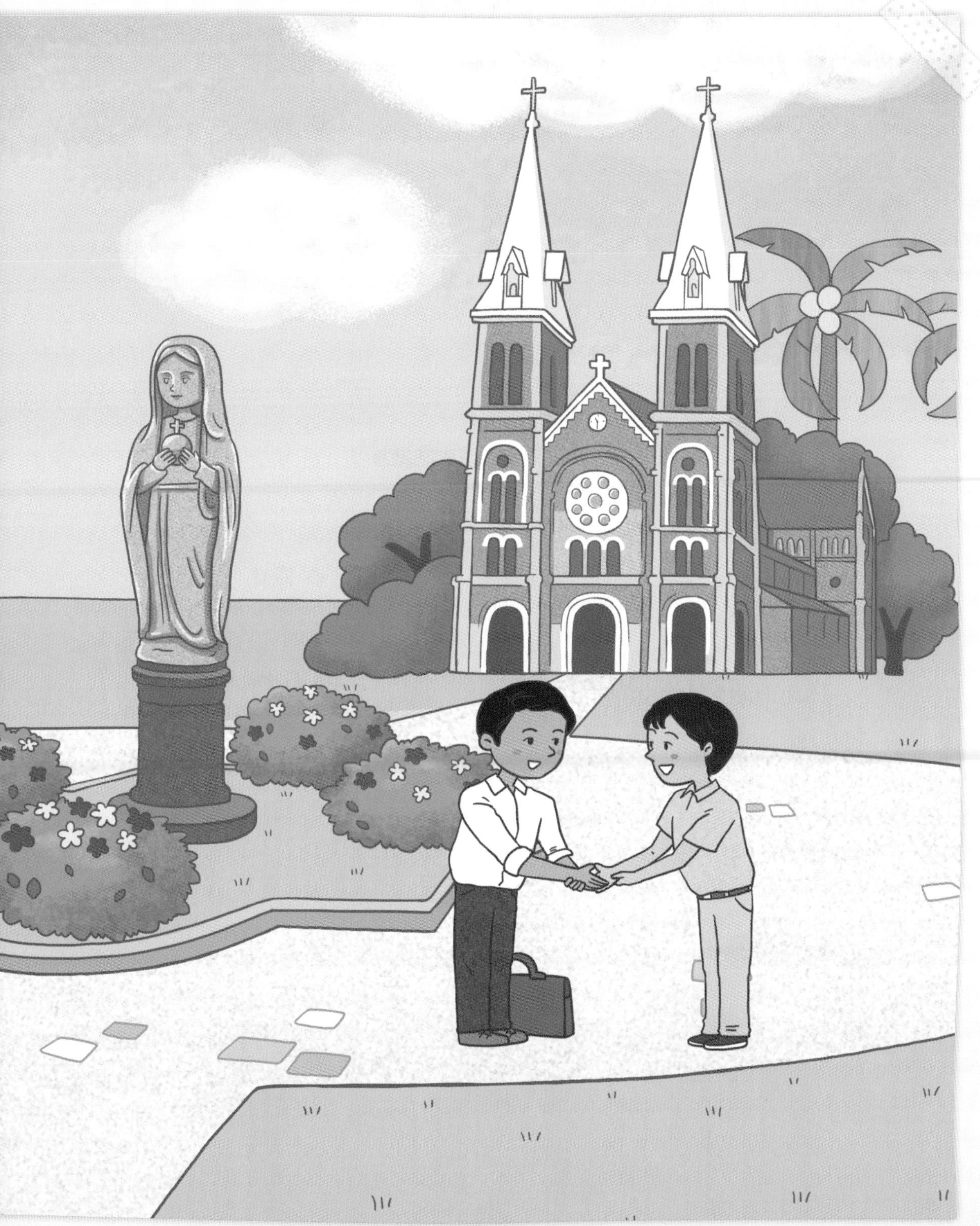

회화로 말문 트GO ①

타오가 준우에게 인사를 합니다. Track 01-02

타오

씬 짜오
Xin chào!

준우

씬 짜오
Xin chào!

Tip!

chào는 가장 기본적인 인사말로 만나고 헤어질 때 모두 사용할 수 있어요.

수지가 헨리에게 작별 인사를 합니다. Track 01-03

수지

땀 비엔
Tạm biệt!

헨리

땀 비엔 핸 갑 라이
Tạm biệt! Hẹn gặp lại.

Tip!

헤어질 때 사용할 수 있는 인사말

- Tạm biệt. 잘 가. / 안녕히 가세요.
- 주어+ đi nhé/ạ
  나 갈게. / 저 갈게요.

새 단어 Track 01-04

- xin 씬 문장 앞에서 높임을 이르는 말
- chào 짜오 ㉿ 인사하다
- tạm biệt 땀 비엔 잘 가(헤어질 때)
- hẹn 핸 ㉿ 약속하다
- gặp 갑 ㉿ 만나다
- lại 라이 ㉾ 또, 다시

해석

타오	안녕하세요!
준우	안녕하세요!

수지	잘 가!
헨리	잘 가! 또 만나.

베트남의 인사 문화

윗사람에게는 정중히 손을 모아 고개를 숙여 인사해요. 친한 사이 또는 나이가 어린 사람에게는 손을 흔들거나 인사말로 반가움을 표시해요.

꿀팁 챙기GO!

감사와 사과 표현

감사 표현	사과 표현
A: (Xin) Cảm ơn. (씬 깜 언) / (Xin) Cám ơn. (씬 깜 언) 감사해요. B: Không có gì. (콤 꺼 지) / Không có chi. (콤 꺼 찌) 천만에요.	A: Xin lỗi. (씬 로이) 죄송해요. B: Không sao. (콤 싸오) 괜찮아요.

회화로 말문 트GO ②

회사에서 다시 만난 타오와 준우가 인사를 합니다. Track 01-05

타오

씬 짜오 아잉 준우 아
Xin chào anh Junwoo ạ!

젇 부이 드억 갑 아잉
Rất vui được gặp anh.

준우

아잉 짜오 앰
Anh chào em!

아잉 꿈 젇 부이 드억 갑 앰
Anh cũng rất vui được gặp em.

문장 앞에 xin이나 문장 끝에 부사 ạ를 사용하여 높임말을 표현해요.

예
씬 짜오 옹
- Xin chào ông.
  안녕하세요 할아버지.

짜오 옹 아
- Chào ông ạ.
  안녕하세요 할아버지.

씬 짜오 옹 아
- Xin chào ông ạ.
  안녕하세요 할아버지.

성조의 중요성

6개의 성조가 있는 베트남어는 성조가 달라지면 그 의미가 달라질 수 있습니다.
예를 들어 'chào'는 '인사하다'라는 뜻이지만, 성조에 따라 'cháo(죽)', 'chảo(프라이팬)' 등으로 그 의미가 달라집니다. 또한, 'anh'은 '화자보다 나이가 많은 남성'을 가리키는 단어이지만 'ánh(빛)', 'ảnh(사진)'처럼 성조가 달라지면 단어의 뜻이 완전히 바뀔 수 있습니다.

새 단어 Track 01-06

- anh 아잉 대 당신(남성)
- ạ 아 부 문장 끝에서 높임을 이르는 말
- rất 젇 부 정말, 매우
- vui 부이 형 즐거운
- được + 동사 드억 동 (수동) ~하게 되다
- em 앰 대 손아랫사람, 동생
- cũng 꿈 부 ~도, 역시

해석

타오	안녕하세요, 준우 씨! 만나게 되어서 정말 반가워요.
준우	안녕하세요! 저도 만나게 되어서 정말 반가워요.

베트남 회사 문화

한국과 달리 베트남은 회사에 야근 문화가 없어요. 베트남 정부는 근로자의 건강을 보호하기 위해서 야근제도를 엄격히 관리해요.

꿀팁 챙기GO!

주어 + cũng + 서술어(동사/형용사)

cũng은 '~도, 역시'라는 뜻으로, 서술어 앞에 사용하여 동조의 의미를 나타냅니다.

예 A: Rất vui được gặp anh. (럿 부이 드억 갑 아잉) 만나게 되어서 정말 반가워요.

B: Anh cũng rất vui được gặp em. (아잉 꿈 럿 부이 드억 갑 앰) 저도 만나게 되어서 정말 반가워요.

베트남어 뼈대잡GO

1 베트남어의 호칭

1, 2인칭의 호칭이 고정된 것이 아니라 청자와 화자의 관계에 따라 구별하여 사용합니다.

청자	떠 밍 tớ / mình 나	짜우 cháu 손자, 손녀, 조카(뻘) 되는 아이		또이 tôi 저 앰 em 손아랫사람	껀 con 자녀	앰 em 학생
화자	반 bạn 친구(너)	옴 ông 할아버지, 나이가 많은 남성, 사회적 지위가 높은 남성	박 bác 큰아버지, 큰어머니	아잉 anh 형, 오빠, 자신과 나이가 비슷하거나 많은 남성	보 bố 아버지	터이 thầy 남자 선생님
	꺼우 cậu 친구(너)	바 bà 할머니, 나이가 많은 여성, 사회적 지위가 높은 여성	쭈 chú 삼촌, 아저씨 꼬 cô 고모, 아주머니	찌 chị 누나, 언니, 자신과 나이가 비슷하거나 많은 여성	매 mẹ 어머니	꼬 cô 여자 선생님

복수 호칭		
1인칭 복수 '우리' (청자 포함 여부로 결정)		2, 3인칭 복수 '~들' (các (~들) + 2, 3인칭 호칭)
청자 포함	청자 제외	예 깍 아잉 / 깍 찌 / 깍 반 các anh / các chị / các bạn 형들, 오빠들 / 누나들, 언니들 / 친구들
쭘 따 chúng ta 우리	쭘 또이 chúng tôi 우리	깍 아잉 어이 / 깍 찌 어이 / 깍 반 어이 các anh ấy / các chị ấy / các bạn ấy 그들 / 그녀들 / 친구들

2 기본 인사

chào는 '인사하다'라는 뜻으로, 아침부터 밤까지 만나고 헤어질 때를 구별하지 않고 모두 사용할 수 있는 인사말입니다.

예 짜오 아잉
Chào anh! 안녕하세요!

씬 짜오 꼬 아
Xin chào cô ạ! 안녕하세요, (여자) 선생님!

말하기 연습하GO

● 단어를 바꾸어 문장을 연습해 보세요.

Track 01-07

1 (1인칭 호칭) + **chào** + 2인칭 호칭/이름

(1인칭 호칭)		2인칭 호칭/이름
밍 (Mình) 나 (친구 사이에서)		반 bạn 친구
짜우 (Cháu) 손자뻘		옴 ông 할아버지, 사장님
짜우 (Cháu) 조카뻘	짜오 **chào**	박 bác 큰아버지, 큰어머니
또이 (Tôi) 저 (관계 배제)		깍 아잉 찌 các anh chị 여러분
앰 (Em) 저 (청자보다 나이가 어린 경우)		꼬 호아 cô Hoa 호아 선생님

2 **(Xin) chào** + 2인칭 호칭/이름 + **ạ**

	2인칭 호칭/이름	
	바 bà 할머니	
씬 짜오 **(Xin) chào**	아잉 anh 당신(남성)	아 **ạ**
	찌 chị 당신(여성)	
	터이 thầy 남자 선생님	

연습문제로 실력 다지GO

듣기

1 녹음을 듣고, 내용에 알맞은 그림이면 O, 일치하지 않으면 X를 하세요.

Track 01-08

❶

☐

❷

☐

쓰기

2 다음 빈칸에 알맞은 단어를 보기 에서 골라 써 보세요.

보기

xin **gặp** **được** **chào**

❶ **A** ________ ________!

B Xin chào!

❷ **A** Xin chào anh Junwoo ạ!

B Rất vui ________ ________ anh.

쓰기+말하기

3 다음 문장을 베트남어로 쓰고, 말해보세요.

A 안녕하세요!

➡ ____________________

B 만나게 되어서 정말 반가워요.

➡ ____________________

읽기

4 다음 문장을 읽고 한국어로 해석해 보세요.

❶ A Chào ông ạ.

➡ ____________________

B Chào cháu.

➡ ____________________

❷ A Chào cô. Rất vui được gặp cô ạ.

➡ ____________________

B Chào em. Cô cũng rất vui được gặp em.

➡ ____________________

어휘 확장해보GO

녹음을 듣고, 정확한 발음으로 가족 구성원 관련 어휘를 따라 읽어 보세요. Track 01-09

1. 또이 **tôi** 나
2. 아잉 짜이 **anh trai** 형, 오빠
3. 찌 가이 **chị gái** 누나, 언니
4. 앰 짜이 **em trai** 남동생
5. 바 응오아이 **bà ngoại** 외할머니
6. 옴 응오아이 **ông ngoại** 외할아버지
7. 매 **mẹ** 어머니
8. 보 **bố** 아버지
9. 앰 가이 **em gái** 여동생
10. 옴 노이 **ông nội** 친할아버지
11. 바 노이 **bà nội** 친할머니

베트남을 만나보GO!

★ 베트남 사람들의 인사 ★

베트남 사람과의 인사는 이렇게 하세요.

같은 유교 문화의 영향을 받아서인지 베트남과 우리나라의 인사 문화는 비슷한 점이 많습니다. 베트남에서도 예의를 무척 중시하여, 윗사람에게는 정중히 손을 모아 고개를 숙여 인사합니다. 우리나라에서도 '안녕!' 이외에 '밥 먹었어?', '어디 가?' 등의 일상을 묻는 표현을 인사말 대신 사용하는 것처럼 베트남도 마찬가지입니다. 만약 베트남 사람이 여러분에게 (Chào + 호칭) 안녕? 이외에 (~đang làm gì? 당 람 지) 지금 뭐해?, (~đi đâu? 디 더우) 어디 가?, (ăn cơm chưa? 안 껌 쯔어) 밥 먹었어? 등의 말로 인사를 건낼 때는 굳이 정확한 대답을 할 필요는 없습니다. 여러분의 안부를 편하게 묻는 것이라 생각하면 되고, 반대로 여러분도 상대방에게 친근함을 나타내기 위해 위의 표현들을 자유롭게 쓰면 좋을 것 같습니다.

또한, 베트남 현지에서 비즈니스를 하는 분들은 악수를 할 기회가 많을 것 같은데, 베트남 사람과 악수를 할 때는 두 가지만 기억하면 좋겠습니다. 우선 악수는 주로 동성끼리 하며, 두 손을 사용하여 상대의 손을 감싸는 것이 돈독함을 나타냅니다. 이성 간의 악수를 할 때는 여자 상사가 전체 직원이 있는 상태에서 차례대로 하는 경우를 제외하고는 대부분 여성이 먼저 악수를 청해주기를 기다리는 것이 좋습니다. 불필요한 오해를 불러일으킬 필요는 없으니까요. 만약 악수를 청하지 않으면 가벼운 묵례로 대신합니다.

02 Lâu quá không gặp thầy.
오랜만이에요.

Track 02-01

주요 표현
- 안부 묻고 답하기
- 동작과 상태 묻고 답하기

주요 어법
- 베트남어의 기본 문형 (평서문, 부정문, 일반 의문문)

회화로 말문 트GO ①

수지가 오랜만에 만난 뚜언 선생님에게 안부를 묻습니다. Track 02-02

수지

앰 짜오 터이 아
Em chào thầy ạ.

러우 꾸아 콤 갑 터이
Lâu quá không gặp thầy.

뚜언 선생님

짜오 앰 수지 앰 꺼 코애 콤
Chào em Sujee. Em có khỏe không?

수지

벙 깜 언 터이 앰 코애 아
Vâng. Cảm ơn thầy. Em khỏe ạ.

껀 디이
Còn thầy?

뚜언 선생님

터이 꿈 코애 깜 언 앰
Thầy cũng khỏe. Cảm ơn em.

Tip!
베트남에서는 우리나라와 같이 웃어른을 만나면 고개를 숙여 인사해요.

Tip!
Lâu quá không gặp은 영어의 'Long time no see'와 비슷한 표현으로 '오랜만이야'라는 의미예요.

Plus Tip!

감사합니다

영어의 'Thank you so much'에 해당하는 말은 베트남어로 'Cảm ơn nhiều' 또는 'Cảm ơn + 대상 + nhiều'라고 표현할 수 있습니다.

새 단어 Track 02-03

- thầy 터이 명 (남자) 선생님
- lâu 러우 형 오랜, 오랫동안
- quá 꾸아 부 매우, 너무
- không 콤 조동 동사나 형용사 앞에서 부정을 나타내는 말
- có~không 꺼 콤 의문문 형식을 만드는 구문
- khỏe 코애 형 건강한
- vâng 벙 감탄 네(정중한 대답)
- cảm ơn 깜 언 동 감사하다
- còn 껀 접 그런데

해석

수지	안녕하세요, 선생님. 오랜만입니다.
뚜언 선생님	안녕, 수지야. 건강하니(잘 지냈니)?
수지	네. 고맙습니다, 선생님. 저는 건강합니다(잘 지냈습니다). 그런데 선생님은요?
뚜언 선생님	선생님도 건강해(잘 지냈어). 고맙다 얘야.

꿀팁 챙기GO!

안부 묻기

베트남에서는 건강 묻는 것으로 안부를 묻습니다.

예
아잉 꺼 코애 콤
Anh có khỏe không? 건강하세요(잘 지내세요)?

또이 코애
Tôi khỏe. 저는 건강해요(잘 지내요).

또이 빙 트엉
Tôi bình thường. 저는 보통이에요.

또이 콤 코애
Tôi không khỏe. 저는 건강하지 못해요(잘 지내지 못해요).

- tôi 또이 ㉥ 나, 저
- bình thường 빙 트엉 ㉧ 보통의

회화로 말문 트GO ②

헨리가 수지에게 베트남어 공부에 관해 묻습니다. 

헨리

자오 나이 반 꺼 헙 띠엥 비엗 콤
Dạo này bạn có học tiếng Việt không?

수지

꺼 밍 헙 띠엥 비엗
Có, mình học tiếng Việt.

헨리

띠엥 비엗 꺼 커 콤
Tiếng Việt có khó không?

수지

콤 띠엥 비엗 콤 커
Không. Tiếng Việt không khó.

헙 띠엥 비엗 젇 투 비
Học tiếng Việt rất thú vị.

Tip!

- tiếng Hàn Quốc : 한국어
- tiếng Anh : 영어
- tiếng Nhật Bản : 일본어
- tiếng Trung Quốc : 중국어

Tip!

có~không? 의문문에 대한 대답으로 긍정은 có를 부정은 không으로 사용해요.

가을 입학식

한국의 입학 시즌은 3월이나, 베트남은 9월입니다. 보통 매년 9월 5일이 입학식 날입니다. 이날은 학교에 가지만 수업은 하지 않으며 입학식에 참여만 하고 다음 날부터 정상 수업을 시작합니다. 그러나 최근에는 입학식만 9월 5일에 진행하고, 학생들은 8월부터 등교하여 공부를 시작합니다. '입학식'이라는 베트남어는 'lễ khai trường [레 카이 쯔엉]', 또는 'lễ khai giảng [레 카이 지앙]'입니다.

새 단어 Track 02-05

- dạo này 자오 나이 ㉮ 요즘
- bạn 반 ㉢ 친구
- học 헙 ㉯ 공부하다
- tiếng Việt 띠엥 비엗 (고유) 베트남어
- có 꺼 (감탄) 응(편한 사이의 긍정 대답)
- mình 밍 ㉨ 나(친구 사이에서)
- khó 커 ㉧ 어려운
- không 콤 ㉯ 아니다
- thú vị 투 비 ㉧ 재미있는, 흥미있는

해석

헨리	요즘 너는 베트남어 공부하니?
수지	응. 나는 베트남어 공부해.
헨리	베트남어는 어렵니?
수지	아니. 베트남어는 어렵지 않아. 베트남어를 공부하는 것은 매우 재미있어.

꿀팁 챙기GO!

부사 rất

rất은 '정말, 매우'이라는 뜻의 부사로 동사나 형용사 앞에 위치해 강조를 나타냅니다. 대부분 형용사를 강조하는 부사로 쓰이나 'thích 틱 좋아하다'나 'muốn 무온 원하다' 등의 일부 동사를 강조하기 위해 사용하기도 합니다.

• thích 틱 ⓢ 좋아하다

예 또이 전 코애
Tôi rất khỏe. 저는 정말 건강해요(잘 지내요).

또이 전 틱 헙 띠엥 비엣
Tôi rất thích học tiếng Việt. 저는 베트남어 공부하는 것을 정말 좋아해요.

베트남어 뼈대잡GO

1 기본 문형

베트남어의 기본 문형 중에서 평서문의 형식은 [주어+서술어(동사/형용사)+목적어]이고, 부정문을 나타낼 때는 không을 서술어(동사/형용사) 앞에 넣어서 나타냅니다.

평서문	주어 + 동사 + 목적어 ~는 ~을 ~해요 주어 + 형용사 ~는 ~해요

예 Tôi ăn phở. (또이 안 퍼) 저는 쌀국수를 먹어요.
Phở ngon. (퍼 응언) 쌀국수는 맛있어요.

부정문	주어 + **không** + 동사 + 목적어 ~는 ~을 ~하지 않아요 주어 + **không** + 형용사 ~는 ~하지 않아요

예 Tôi không ăn phở. (또이 콤 안 퍼) 저는 쌀국수를 먹지 않아요.
Phở không ngon. (퍼 콤 응언) 쌀국수는 맛있지 않아요.

일반 의문문을 만들 때는 동사나 형용사 앞에 có를, 동사나 형용사 뒤에 không을 넣어 나타냅니다. 이때 có와 không은 특별한 의미가 있지 않으며, 단지 의문문을 만드는 도구로써만 사용됩니다. có는 생략 가능하며, 긍정일 때는 có, 부정일 때는 không으로 대답합니다.

일반 의문문	주어 + (**có**) + 동사 + 목적어 + **không?** ~는 ~을 ~하나요? 주어 + (**có**) + 형용사 + **không?** ~는 ~하나요?

예 A: Anh (có) ăn phở không? (아잉 꺼 안 퍼 콤) 당신(남성)은 쌀국수를 먹나요?
B: [긍정] Có. Tôi ăn phở. (꺼 또이 안 퍼) 네. 저는 쌀국수를 먹어요.
[부정] Không. Tôi không ăn phở. (콤 또이 콤 안 퍼) 아니요. 저는 쌀국수를 먹지 않아요.

새 단어 • ăn 안 동 먹다 • phở 퍼 고유 쌀국수 • ngon 응언 형 맛있는

말하기 연습하GO

● 단어를 바꾸어 문장을 연습해 보세요. Track 02-06

1 기본 문형 – 평서문

주어	동사	목적어
또이 Tôi 나	헙 học 공부하다	띠엥 비엣 tiếng Việt 베트남어
	안 ăn 먹다	퍼 phở 쌀국수

주어	형용사
또이 Tôi 나	코애 khỏe 건강한
헙 띠엥 비엣 Học tiếng Việt 베트남어 공부	투 비 thú vị 재미있는

2 기본 문형 – 부정문

<table>
<tr><th>주어</th><th rowspan="5">콤
không</th><th>동사</th><th>목적어</th></tr>
<tr><td rowspan="4">또이
Tôi 나</td><td>헙
học 공부하다</td><td>띠엥 비엣
tiếng Việt 베트남어</td></tr>
<tr><th>형용사</th><td rowspan="2"></td></tr>
<tr><td>코애
khỏe 건강한</td></tr>
</table>

3 기본 문형 – 일반 의문문

<table>
<tr><th>주어</th><td rowspan="5">꺼
(có)</td><th>동사</th><th>목적어</th><td rowspan="5">콤
không?</td></tr>
<tr><td>아잉
Anh 당신(남성)</td><td>헙
học
공부하다</td><td>띠엥 비엣
tiếng Việt
베트남어</td></tr>
<tr><td rowspan="2">찌
Chị 당신(여성)</td><th colspan="2">형용사</th></tr>
<tr><td colspan="2">부이
vui 즐거운</td></tr>
</table>

연습문제로 실력 다지GO

1 녹음을 듣고, 내용에 알맞은 그림이면 O, 일치하지 않으면 X를 하세요. Track 02-07

❷

쓰기

2 다음 빈칸에 알맞은 단어를 보기 에서 골라 써 보세요.

보기

có	không	lâu	học

❶ **A** Em chào thầy ạ.

_________ quá _________ gặp thầy.

B Chào em Sujee.

❷ **A** Bạn có _________ tiếng Việt không?

B _________, mình học tiếng Việt.

쓰기+말하기

3 다음 문장을 베트남어로 쓰고, 말해보세요.

A 베트남어는 어렵니?

➡ ______________________

B 베트남어는 어려워.

➡ ______________________

읽기

4 다음 문장을 읽고 한국어로 해석해 보세요.

❶ A Chào em. Em có khỏe không?

➡ ______________________

B Cảm ơn thầy. Em khỏe ạ.

➡ ______________________

❷ A Anh có ăn phở không?

➡ ______________________

B Có. Tôi ăn phở.

➡ ______________________

어휘 확장해보GO

녹음을 듣고, 정확한 발음으로 동작 관련 어휘를 따라 읽어보세요. Track 02-08

❶

특 저이
thức dậy
일어나다

❷

헙
học
공부하다

❸

떱 테 줍
tập thể dục
운동하다

❹

안
ăn
먹다

❺

우옹
uống
마시다

❻

덥
đọc
읽다

❼

응애
nghe
듣다

❽

비엔
viết
쓰다

❾

너이
nói
말하다

베트남을 만나보GO!

★ 베트남의 숨은 여행지 ★

베트남의 몰디브 푸꾸옥에서 힐링 여행

Phú Quốc (푸꾸옥)은 베트남 남부 지역의 보석 같은 섬으로 베트남의 몰디브로 불리고 있습니다. 볼 것도, 할 것도 정말 많은 Phú Quốc (푸꾸옥)을 즐겨보세요.
Phú Quốc (푸꾸옥)은 섬이기 때문에 아름다운 해변이 정말 많습니다. 푸꾸옥에서 즐기기 좋은 해변을 소개해 드리겠습니다.

첫 번째, Phú Quốc (푸꾸옥)의 북쪽에 있는 Bãi Dài (바이 다이) 해변입니다. 15km에 이르는 이 해변은 Phú Quốc (푸꾸옥) 공항에서 24km 정도밖에 떨어져 있지 않아서 이동하기가 편하고, 북섬의 서부의 원시림지대 근처에 있어 공기도 항상 시원합니다. 그리고 바이 다이 해변은 부드러운 백사장, 맑은 물, 해변을 감싸고 있는 청록색 나무로 매우 유명합니다. 이런 이유로 대부분의 리조트와 최고급 호텔들이 많이 있는 이유이기도 합니다.

두 번째는, Phú Quốc (푸꾸옥)의 남쪽에 위치하고 있는 Bãi Sao(바이사오) 해변입니다.
Phú Quốc (푸꾸옥)의 남쪽은 아름다운 산호초가 많아서 오래전부터 스쿠버 다이빙의 명소로 각광받아왔습니다. 하루 시간을 내서 Phú Quốc (푸꾸옥) 곳곳에 있는 섬을 둘러보며 스노클링과 해수욕을 즐길 수 있는 호핑 투어를 꼭 추천드립니다. 보통 여러분이 묵는 호텔을 통해 호핑 투어를 예약할 수 있습니다. 액티비티 활동을 좋아하는 분들은 스노클링을 하며 산호를 볼 수 있는 기회를 놓치지 마세요!

03 Em tên là gì?
당신의 이름은 무엇인가요?

주요 표현

- 이름을 묻고 답하기
- 직업을 묻고 답하기

주요 어법

- là 동사의 평서문과 부정문
- 의문사 gì

회화로 말문 트GO ①

준우와 링 선생님이 서로의 이름을 묻고 답합니다. Track 03-02

준우

짜오 꼬 아
Chào cô ạ!

링 선생님

짜오 앰 씬 로이 앰 뗀 라 지
Chào em! Xin lỗi, em tên là gì?

준우

뗀 앰 라 준우
Tên em là Junwoo.

껀 뗀 꼬 라 지 아
Còn tên cô là gì ạ?

링 선생님

꼬 뗀 라 링 호앙 투이 링
Cô tên là Linh, Hoàng Thùy Linh.

Tip!
xin lỗi는 '양해를 구하다'라는 의미뿐만 아니라 사과의 의미도 있어요.

Tip!
이름을 묻는 다양한 표현
- 주어 + tên + là + gì?
- Tên + 주어 + là + gì?

베트남 이름의 'Thị'와 'Văn'의 의미

대부분의 베트남 사람 이름에는 이름과 성 말고도 특별한 정보가 들어있습니다. 바로 성별인데요, 얼굴을 직접 보지 않아도 상대방이 여자인지 남자인지 알 수 있습니다. 여자는 성 뒤에 'Thị [티]'가 들어가고, 남자는 성 뒤에 'Văn [반]'이 들어갑니다. 예를 들면, 'Nguyễn Thị Hoa [응우이엔 티 호아]'는 얼굴을 보지 않아도 성별이 여자라는 것을 알 수 있고, 'Trần Văn Minh [쩐 반 밍]'은 남자라는 것을 알 수 있습니다.

새 단어 Track 03-03

- cô 꼬 명 여자 선생님
- xin lỗi 씬 로이 동 사과하다, 양해를 구하다
- tên 뗀 명 이름
- là 라 동 ~이다
- gì 지 의 무엇, 무슨

해석

준우 안녕하세요, 선생님!

링 선생님 안녕하세요! 실례지만, 당신의 이름은 무엇인가요?

준우 저는 준우라고 합니다. 그런데 선생님의 성함은 어떻게 되세요?

링 선생님 저는 링이에요, 호앙 투이 링.

꿀팁 챙기GO!

접속사 còn

còn은 '그런데'라는 뜻으로, 앞의 내용과 연관된 것을 물을 때 사용합니다.
이때 일반적으로 앞의 문장과 중복된 뒤의 문장은 생략하여 말합니다.

또이 안 퍼 버 껀 찌
예 Tôi ăn phở bò. Còn chị? 나는 소고기 쌀국수를 먹을게요. 그런데 당신(여성)은요?

• phở bò 퍼 버 고유 소고기 쌀국수 • chị 찌 대 당신(여성)

회화로 말문 트GO ②

줄리아와 준우가 어학당 강의실에서 서로의 직업을 묻고 답합니다. Track 03-04

줄리아

씬 로이 아잉 람 응에 지
Xin lỗi, anh làm nghề gì?

준우

아잉 람 년 비엔 꼼 띠 껀 앰
Anh làm nhân viên công ty, còn em?

줄리아

벙 앰 라 씽 비엔
Vâng, em là sinh viên.

준우

젓 부이 드억 갑 앰
Rất vui được gặp em.

줄리아

앰 꿈 젓 부이 드억 갑 아잉
Em cũng rất vui được gặp anh.

Tip!

nghề는 '직업'이라는 뜻으로, 요즘 베트남의 대학생들은 '의사, 약사, 디자이너, 통역가' 등의 직업을 선호하고 있어요.

- dược sĩ [즈억 씨] 약사
- nhà thiết kế web [냐 티엔 께 웹] 웹 디자이너
- nhà thiết kế thời trang [냐 티엔 께 터이 짱] 의상 디자이너
- thông dịch viên [톰 직 비엔] 통역가

Tip!

대학생은 sinh viên이라고 하고, 초·중·고등학생은 học sinh [헙 씽]으로 표현해요.

베트남의 아르바이트

베트남의 대학생들도 학비를 벌기 위해 아르바이트를 합니다. 보통 커피숍이나 옷 가게, 식당, 외국어 학원 등에서 일을 합니다. 그 외에도 초, 중, 고등학생에게 과외 수업을 하는 것을 선호합니다.

새 단어 Track 03-05

- làm 람 동 하다
- nghề 응에 명 직업
- nhân viên 년 비엔 명 회사원, 직원
- công ty 꼼 띠 명 회사
- sinh viên 씽 비엔 명 대학생

해석

줄리아	실례지만, 당신의 직업은 무엇인가요?
준우	저는 회사원이에요. 그런데 당신은요?
줄리아	네, 저는 대학생이에요.
준우	만나게 되어서 반가워요.
줄리아	저도 만나게 되어서 정말 반가워요.

꿀팁 챙기GO!

vâng의 두 가지 쓰임

vâng은 '네'라는 뜻으로, (윗사람에게) 긍정의 대답으로 사용할 수도 있고, 단순히 문장 앞에 사용하여 긍정, 부정에 상관없이 예의를 표시할 수도 있습니다.

예 A: Em có học tiếng Việt không? (앰 꺼 헙 띠엥 비엔 콤) 너는 베트남어를 공부하니?

B: Vâng, em học tiếng Việt. (벙 앰 헙 띠엥 비엔) 네, 저는 베트남어를 공부해요. [긍정 대답]

Vâng, không ạ. Em không học tiếng Việt. (벙 콤 아 앰 콤 헙 띠엥 비엔) 아니요, 저는 베트남어를 공부하지 않아요. [예의 표시]

베트남어 뼈대잡GO

1 là 동사의 평서문과 부정문

là 동사는 '~이다'라는 뜻으로, 뒤에 명사가 옵니다.

평서문 주어 + là + 명사 ~는 ~이다

예 또이 라 준우
Tôi là Junwoo. 저는 준우예요.

또이 라 년 비엔
Tôi là nhân viên. 저는 회사원이에요.

là 동사를 부정할 때는 반드시 không phải를 붙여야 하는데, là 동사의 부정문과 의문문은 반드시 là 동사 앞에 '옳은'의 뜻을 가진 phải를 결합하여 사용해야 하기 때문입니다.

부정문 주어 + không phải là + 명사 ~는 ~이 아니다

예 또이 콤 파이 라 준우
Tôi không phải là Junwoo. 저는 준우가 아니에요.

또이 콤 파이 라 년 비엔
Tôi không phải là nhân viên. 저는 회사원이 아니에요.

2 의문사 gì

의문사 gì는 '무엇, 무슨'이라는 뜻으로, 목적어 또는 목적보어 자리에 넣어 사용합니다.

주어 + 동사 + (목적어) + gì? ~는 무엇을 ~해요?

예 반 람 지
A: Bạn làm gì? 너는 뭐해?

밍 헙 띠엥 비엣
B: Mình học tiếng Việt. 나는 베트남어를 공부해.

아잉 뗀 라 지
A: Anh tên là gì? 당신(남성)은 이름이 무엇입니까?

또이 뗀 라 준우
B: Tôi tên là Junwoo. 제 이름은 준우예요.

말하기 연습하GO

● 단어를 바꾸어 문장을 연습해 보세요. Track 03-06

1 là 동사(평서문, 의문문)

주어		명사
옴 어이 Ông ấy 그 할아버지	라 **là** ~이다	지암 돕 giám đốc 사장
뗀 또이 Tên tôi 내 이름	콤 파이 라 **không phải là** ~이 아니다	인 호 In Ho 인호
쭘 또이 Chúng tôi 저희		응으어이 한 꾸옥 người Hàn Quốc 한국 사람

2 의문사 gì

주어	동사	(목적어)	
반 Bạn 친구	람 làm 하다		
찌 뗀 Chị tên 당신(여성) 이름	라 là ~이다		지 **gì?** 무엇
앰 Em 손아랫사람, 동생	안 ăn 먹다	껌 cơm 밥	

연습문제로 실력 다지GO

듣기

1 녹음을 듣고, 내용에 알맞은 그림이면 O, 일치하지 않으면 X를 하세요. Track 03-07

❶

❷

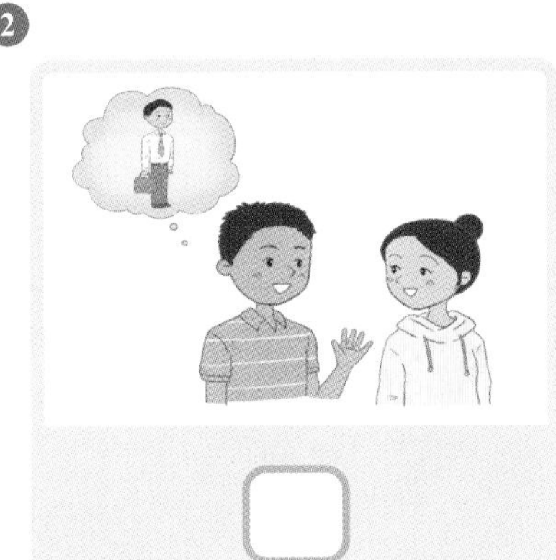

쓰기

2 다음 빈칸에 알맞은 단어를 보기 에서 골라 써 보세요.

보기

làm	gì	tên	nghề

❶ **A** Chào em! Xin lỗi, em tên là ________ ?

B Tên em là Junwoo. Còn ________ cô là gì ạ?

❷ **A** Anh làm ________ gì?

B Anh ________ nhân viên công ty.

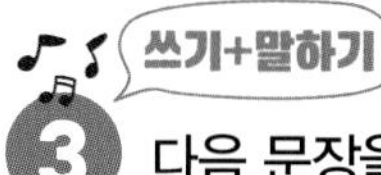

3 다음 문장을 베트남어로 쓰고, 말해보세요.

A 당신의 직업은 무엇인가요?

➡ ______________________________

B 저는 회사원이에요.

➡ ______________________________

읽기

4 다음 문장을 읽고 한국어로 해석해 보세요.

❶ Chào anh. Xin lỗi, anh tên là gì?

➡ ______________________________

❷ Tôi làm nhân viên công ty.

➡ ______________________________

❸ Tôi không phải là sinh viên.

➡ ______________________________

어휘 확장해보GO

녹음을 듣고, 정확한 발음으로 직업 관련 어휘를 따라 읽어 보세요. Track 03-08

❶

녠 비엔 꼼 띠
nhân viên công ty
회사원

❷

꼼 안 까잉 싿
công an / cảnh sát
경찰

❸

박 씨
bác sĩ
의사

❹

까 씨
ca sĩ
가수

❺

지엔 비엔
diễn viên
배우

❻

더우 벱
đầu bếp
요리사

❼
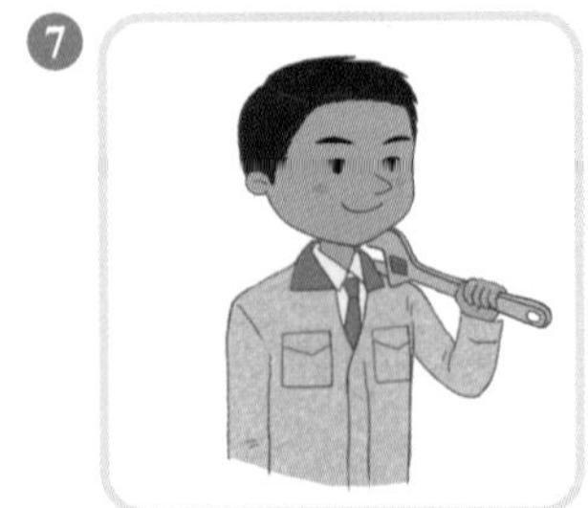

끼 쓰
kỹ sư
엔지니어

❽

링 끄우 호아
lính cứu hỏa
소방관

❾

지아오 비엔
giáo viên
선생님

베트남을 만나보GO!

★ 베트남의 다양한 면 요리 ★

내가 먹고 있는 쌀국수는 북부와 남부 중 어디 것일까?

숙주와 소고기, 개운한 국물에 국수가 한 데 어우러져 개운하고 깔끔한 맛을 내는 쌀국수. 쌀국수는 베트남 사람들이 즐겨먹는 음식으로 면은 조금 두껍고 국물도 진한 편입니다. 쌀국수를 먹을 때는 고수 외에 다양한 채소를 넣어 먹으며, 북부 지역에서는 쌀국수에 기다란 튀김 빵을 함께 적셔 먹기도 합니다.

쌀국수는 원래 하노이 등 베트남 북부 지역 음식이었습니다. 북부 지역은 나라의 근간인 농업을 중요시했기 때문에 소의 도축과 고기 판매를 금지했습니다. 따라서 육수도 닭고기 뼈를 고아 만들어서 담백한 편이죠.

남부 지역의 음식은 주로 단맛이 납니다. 따라서 쌀국수도 국물에서 단맛이 나는 편입니다. 또한 북부와는 다르게 소고기 뼈를 푹 고아 국물을 만들었다고 합니다. 라임, 숙주, 여러 향채 등을 섞어 먹을 뿐만 아니라 소스들도 함께 곁들여 먹습니다.

현재 우리나라에도 각양각색의 쌀국수를 맛볼 수 있게 되었는데요, 여러 종류의 소스를 적절히 배합하여 국물과 함께 먹거나, 고기를 찍어 먹기도 하는 모습은 마치 베트남 남부 지역의 쌀국수와 비슷한 듯 합니다.

여러분은 베트남의 어느 지역 쌀국수를 더 좋아하시나요? 직접 가서 맛보는 것이 가장 좋겠지요?

04 Đó không phải là quả đu đủ.
그것은 파파야가 아니에요.

주요 표현

- 상대에게 다른 사람 소개하기
- 물건 사기

- là 동사의 의문문
- 지시대명사와 지시형용사

회화로 말문 트GO ①

링 선생님이 준우에게 뚜언 선생님을 소개합니다. Track 04-02

링 선생님

씬 지어이 티에우 더이 라 터이 뚜언
Xin giới thiệu, đây là thầy Tuấn.

준우

짜오 터이 뚜이엔 아
Chào thầy Tuyến ạ.

뚜언 선생님

짜오 앰 씬 로이 터이 콤 파이 라 뚜이엔
Chào em. Xin lỗi, thầy không phải là Tuyến.

뗀 꾸어 터이 라 뚜언
Tên của thầy là Tuấn.

준우

오이 씬 로이 터이 뚜언 앰 념 아
Ôi, xin lỗi thầy Tuấn. Em nhầm ạ.

뚜언 선생님

콤 싸오 앰
Không sao em.

Tip!
đây는 '이분'이라는 뜻으로, 상대방에게 다른 사람을 소개할 때 사용해요.

Tip!
xin lỗi는 '사과하다'라는 뜻으로, 그에 알맞은 대답은 không sao로 '괜찮다'라는 의미예요.

새 단어 Track 04-03

- giới thiệu 지어이 티에우 동 소개하다
- không phải là 콤 파이 라 ~이(가) 아니다
- ôi 오이 감탄 오!(놀람을 나타냄)
- không sao 콤 싸오 형 괜찮은
- đây 더이 지시 여기, 이분, 이것
- của 꾸어 전 (소유) ~의, ~의 것
- nhầm 념 동 오해하다, 잘못 알다

해석

링 선생님	소개할게요. 이분은 뚜언 선생님입니다.
준우	안녕하세요, 뚜이엔 선생님.
뚜언 선생님	안녕하세요. 실례지만, 저는 뚜이엔이 아니에요. 제 이름은 뚜언입니다.
준우	오, 죄송합니다 뚜언 선생님. 제가 착각했습니다.
뚜언 선생님	괜찮아요.

꿀팁 챙기GO!

• trường 쯔엉 명 학교

A của B

của는 '~의, ~의 것'이라는 뜻으로, 소유의 의미를 나타냅니다. 친구, 이름, 가족, 고향, 회사 등과 같이 소유의 주체가 명확할 때는 생략할 수 있습니다.

예 Tên (của) tôi (뗀 꾸어 또이) 나의 이름　예 Bạn (của) tôi (반 꾸어 또이) 나의 친구　예 Trường (của) tôi (쯔엉 꾸어 또이) 나의 학교

회화로 말문 트GO ❷

헨리가 과일 가게에서 과일을 고르고 있습니다. Track 04-04

헨리

더이 라 꾸아 즈어 파이 콤
Đây là quả dừa, phải không?

점원

벙 즈어 나이 응언 람
Vâng, dừa này ngon lắm.

헨리

껀 끼어 꺼 파이 라 꾸아 두 두 콤
Còn kia có phải là quả đu đủ không?

점원

콤 더 콤 파이 라 꾸아 두 두
Không, đó không phải là quả đu đủ.

더 라 꾸아 쏘아이
Đó là quả xoài.

헨리

테 아 또이 무온 무어 꾸아 쏘아이 더
Thế à? Tôi muốn mua quả xoài đó.

Tip!

베트남은 열대과일이 많은 나라이기 때문에 과일 주스를 즐겨 먹어요. 베트남의 과일 주스는 크게 두 가지로 나눌 수 있어요.

sinh tố [씽 또]는 과육을 통째로 믹서에 갈아서 만든 과육이 들어간 과일 주스이고, nước ép [느억 앱]은 과육을 착즙하여 만든 과육은 없고 과즙만 있는 주스라고 생각하시면 돼요.

Tip!

thế à?는 '그래요?'라는 뜻으로, 북부에서 많이 쓰는 표현이에요. 남부에서는 vậy hả? [버이 하]를 많이 사용해요.

새 단어 Track 04-05

- quả 꾸아 명 과일, 열매
- này 나이 지시 이(앞의 명사를 수식)
- kia 끼어 지시 저것
- đó 더 지시 그것
- tôi 또이 대 나, 저
- dừa 즈어 명 코코넛
- ngon 응언 형 맛있는
- phải 파이 형 옳은, 맞는
- xoài 쏘아이 명 망고
- muốn 무온 동 원하다
- phải không 파이 콤 그렇지?, 맞지?
- lắm 람 부 매우, 정말
- đu đủ 두 두 명 파파야
- thế à 테 아 그래요?
- mua 무어 동 사다

해석

헨리	이것은 코코넛이죠, 그렇죠?
점원	네, 이 코코넛은 정말 맛있어요.
헨리	그런데 저것은 파파야가 맞나요?
점원	아니요, 그것은 파파야가 아니에요. 그것은 망고예요.
헨리	그래요? 저는 그 망고를 사고 싶어요.

꿀팁 챙기GO!

형용사 + lắm

lắm은 '매우, 정말'이라는 뜻으로, 형용사 뒤에 위치하여 그 의미를 강조합니다.

예 Phở này ngon lắm! (퍼 나이 응언 람) 이 쌀국수는 매우 맛있어요!

Học tiếng Việt thú vị lắm! (헙 띠엥 비엣 투 비 람) 베트남어 공부는 정말 재미있어요!

베트남어 뼈대잡GO

1 là 동사의 의문문

[주어 + là + 명사]를 의문문으로 만들 때는 [주어 + có phải là + 명사 + không?]의 형태나 또는 부가 의문문의 형태인 [주어 + là + 명사 + (có) phải không?]으로 나타냅니다.

주어 + có phải là + 명사 + không? ~는 ~인가요?
주어 + là + 명사 + (có) phải không? ~는 ~가 맞나요?

이에 대한 긍정의 대답은 phải를, 부정의 대답은 không phải입니다.

예 A: Đây có phải là công ty ABC không? (더이 꺼 파이 라 꼼 띠 아베쎄 콤) 여기가 ABC 회사인가요?
Đây là công ty ABC có phải không? (더이 라 꼼 띠 아베쎄 꺼 파이 콤) 여기가 ABC 회사가 맞나요?

B: [긍정] Phải, đây là công ty ABC. (파이 더이 라 꼼 띠 아베쎄) 맞아요, 여기는 ABC 회사예요.
[부정] Không phải, đây không phải là công ty ABC. (콤 파이 더이 콤 파이 라 꼼 띠 아베쎄) 아니요, 여기는 ABC 회사가 아니에요.

2 지시대명사와 지시형용사

지시대명사	지시형용사
đây (더이) (여기, 이분, 이것) kia (끼어) (저기, 저분, 저것) đó / đấy (더 / 더이) (거기, 그분, 그것) + là (라) ~	명사 + này (나이) (이) kia (끼어) (저) ấy / đó / đấy (어이 / 더 / 더이) (그)
예 Đây là thầy của tôi. (더이 라 터이 꾸어 또이) 여기는 저의 (남자) 선생님이에요. Kia là phở bò. (끼어 라 퍼 버) 저것은 소고기 쌀국수예요. Đó là công ty của tôi. (더 라 꼼 띠 꾸어 또이) 거기는 저의 회사예요.	예 Quả này là quả dừa. (꾸아 나이 라 꾸아 즈어) 이 과일은 코코넛이에요. Món kia là phở bò. (먼 끼어 라 퍼 버) 저 음식은 소고기 쌀국수예요. Công ty đó là công ty ABC (꼼 띠 더 라 꼼 띠 아베쎄) 그 회사는 ABC 회사예요.

새 단어 • món 먼 명 음식, 요리

말하기 연습하GO

● 단어를 바꾸어 문장을 연습해 보세요. Track 04-06

1 là 동사의 의문문

주어		명사	
찌 Chị 당신(여성)	꺼 파이 라 **có phải là**	응으어이 한 꾸옥 người Hàn Quốc 한국 사람	콤 **không?**
더이 Đây 여기		꼼 띠 아베쎄 công ty ABC ABC 회사	
끼어 Kia 저것		퍼 버 phở bò 소고기 쌀국수	

2 là 동사의 부가 의문문

주어		명사	
아잉 Anh 당신(남성)	라 **là**	응으어이 한 꾸옥 người Hàn Quốc 한국 사람	꺼 파이 콤 **(có) phải không?**
더 Đó 거기		꼼 띠 아베쎄 công ty ABC ABC 회사	
까이 나이 Cái này 이것		퍼 버 phở bò 소고기 쌀국수	

연습문제로 실력 다지GO

듣기

1 녹음을 듣고, 내용에 알맞은 그림이면 O, 일치하지 않으면 X를 하세요.  Track 04-07

❶

❷

쓰기

2 다음 빈칸에 알맞은 단어를 보기 에서 골라 써 보세요.

보기

quả **kia** **nhầm** **phải**

❶ **A** Xin lỗi, thầy không ________ là Tuyến.

B Xin lỗi thầy Tuấn. Em ________ ạ.

❷ **A** Còn ________ có phải là ________ đu đủ không?

B Không.

3 다음 문장을 베트남어로 쓰고, 말해보세요.

A 저것은 파파야가 맞나요?

➡ ______________________________

B 아니요, 그것은 망고예요.

➡ ______________________________

4 다음 문장을 읽고 질문에 답하세요.

Minwoo : Xin giới thiệu. Đây là Sumi, em gái mình.

Hương : Chào em. Rất vui được gặp em.
Em là sinh viên, phải không?

Sumi : Vâng, phải ạ. Em là sinh viên.

1. 수미는 민우의 여동생이다. (O / X)
2. 수미는 대학생이다. (O / X)

• em gái 앰 가이 명 여동생

어휘 확장해보GO

녹음을 듣고, 정확한 발음으로 과일 관련 어휘를 따라 읽어 보세요. Track 04-08

1 

짜잉
chanh
레몬

2 

즈어 허우
dưa hấu
수박

3 

저우 떠이
dâu tây
딸기

4 

레
lê
배

5 

녀
nho
포도

6 

즈어
dứa
파인애플

7 

써우 지엥
sầu riêng
두리안

8 

버
bơ
아보카도

9 

타잉 럼
thanh long
용과

베트남을 만나보GO!

★ 베트남의 커피 ★

베트남 연유커피는 어떻게 생긴 것일까?

베트남이 프랑스 영향을 받던 때에 본국에서 커피에 우유를 섞은 카푸치노를 즐기던 프랑스인은 베트남에서도 이와 비슷한 커피를 즐기고 싶어 했습니다. 하지만 열대 날씨의 베트남에서는 당시 신선한 우유를 보관하는 것이 쉽지 않았는데, 우유를 응축한 '연유'로 만들면 장기 보관이 가능했고, 이를 커피에 섞어 마시면서 '연유커피'가 탄생해 지금까지 이어져오고 있습니다.

베트남의 연유커피는 우리 돈으로 약 2,000원이면 마실 수 있을 만큼 저렴합니다. 특히 달콤한 커피를 좋아하는 사람들에게 베트남은 커피의 천국과도 다름없지요. 커피를 주문하면 잔에 바로 베트남식 커피가 나오기도 하지만, 커피 가루를 우릴 수 있도록 커피잔 위에 알루미늄 필터가 올라간 상태로 나오기도 합니다. 이 알루미늄 필터 안에는 곱게 갈린 커피 가루가 있으며 뜨거운 물을 넣어 천천히 커피를 내리는 방식입니다. 여기에 얼음을 넣어 함께 먹으면 아이스커피가 됩니다.

요즘은 계란과 연유를 이용해 커스터드 크림을 만들어 커피 위에 올려 먹는 이른바 '계란커피'도 유행입니다. 이름만 보면 우리나라 쌍화차처럼 커피 위에 계란을 띄우는 것으로 생각할 수 있겠지만 따뜻한 커스터드 크림과 쌉쌀한 커피의 조화가 상당히 잘 어울리는 베트남에서 인기있는 커피 중 하나입니다. 부드럽고 달콤한 맛을 동시에 느끼고 싶을 때 계란커피를 맛보는 것은 어떨까요? 여러분의 기분을 확실히 바꿔줄 것입니다.

05 Bạn là người nước nào?
너는 어느 나라 사람이니?

주요 표현
- 국적을 묻고 답하기
- 인적사항을 묻고 답하기

주요 어법
- 의문사 nào
- 의문사 đâu

회화로 말문 트GO ①

수지와 윌리엄이 서로의 국적을 묻고 답합니다. 

수지

반 너이 띠엥 비엔 지어이 꾸아
Bạn nói tiếng Việt giỏi quá!

반 라 응으어이 느억 나오
Bạn là người nước nào?

윌리엄

깜 언 반 밍 라 응으어이 미
Cảm ơn bạn. Mình là người Mỹ.

껀 반 반 덴 뜨 느억 나오
Còn bạn, bạn đến từ nước nào?

수지

밍 덴 뜨 한 꾸옥
Mình đến từ Hàn Quốc.

윌리엄

테 아 밍 전 틱 느억 한 꾸옥
Thế à? Mình rất thích nước Hàn Quốc.

Tip!

quá는 정도부사로 형용사의 앞, 뒤에 모두 올 수 있어요. 그러나 뉘앙스에는 차이가 있어요.

- 형용사 + quá : 매우 ~하다
- quá + 형용사 : 지나치게 ~하다

Tip!

còn의 여러가지 의미

- 부사로 쓰일 때: ① 그런데
  ② 여전히, 아직도
- 동사로 쓰일 때: 남다, 남아있다

새 단어 Track 05-03

- nói 너이 동 말하다
- giỏi 지어이 형 잘하는
- người 응으어이 명 사람
- nước 느억 명 나라
- nào 나오 의 어느, 어떤
- Mỹ 미 고유 미국
- đến 덴 동 오다, 도착하다
- từ 뜨 전 (~로)부터
- Hàn Quốc 한 꾸옥 고유 한국
- thích 틱 동 좋아하다

해석

수지	너는 베트남어를 정말 잘하는구나! 너는 어느 나라 사람이니?
윌리엄	고마워. 나는 미국 사람이야. 너는 어느 나라에서 왔니?
수지	나는 한국에서 왔어.
윌리엄	그래? 나는 한국을 좋아해.

꿀팁 챙기GO!

• quốc tịch 꾸옥 띡 명 국적

국적 말하기의 다양한 표현

▶ Tôi là người + 나라 이름
예 Tôi là người Hàn Quốc. (또이 라 응으어이 한 꾸옥) 저는 한국 사람이에요.

▶ Quốc tịch của tôi là + 나라 이름
예 Quốc tịch của tôi là Hàn Quốc. (꾸옥 띡 꾸어 또이 라 한 꾸옥) 저의 국적은 한국이에요.

▶ Tôi đến từ + 나라 이름
예 Tôi đến từ Hàn Quốc. (또이 덴 뜨 한 꾸옥) 저는 한국에서 왔어요.

회화로 말문 트GO ②

월리엄이 수지에게 사는 곳과 학교에 관해 묻습니다. Track 05-04

윌리엄

어 한 꾸옥 반 쏭 어 더우
Ở Hàn Quốc bạn sống ở đâu?

수지

밍 쏭 어 서울
Mình sống ở Seoul.

서울 라 투 도 꾸어 한 꾸옥
Seoul là thủ đô của Hàn Quốc.

윌리엄

테 아
Thế à?

어 한 꾸옥 반 헙 어 더우
Ở Hàn Quốc bạn học ở đâu?

수지

밍 헙 어 쯔엉 다이 헙
Mình học ở trường đại học

응오아이 응으 서울
ngoại ngữ Seoul.

Tip!

베트남의 수도는 북부에 있는 '하노이(Hà Nội)'예요. 'Hà Nội(河内)'는 이름에서도 알 수 있듯이 홍 강의 안쪽에 있는 도시예요.

Tip!

베트남의 학제

초등학교 (5년)	[쯔엉 띠에우 헙] trường tiểu học
중학교 (4년)	[쯔엉 쭝 헙 꺼 써] trường trung học cơ sở
고등학교 (3년)	[쯔엉 쭝 헙 포 통] trường trung học phổ thông
대학교 (4~6년)	[쯔엉 다이 헙] trường đại học

새 단어 Track 05-05

- ở 어 전 ~에, ~에서
- sống 쏭 동 살다
- đâu 더우 의 어디
- thủ đô 투 도 명 수도
- trường đại học 쯔엉 다이 헙 명 대학교
- ngoại ngữ 응오아이 응으 명 외국어

해석

윌리엄	한국에서 너는 어디에 살았니?
수지	나는 서울에 살았어. 서울은 한국의 수도야.
윌리엄	그래? 한국에서는 어디에서 공부했어?
수지	나는 서울외국어대학교에서 공부했어.

꿀팁 챙기GO!

전치사 ở

ở는 '~에 있다'라는 뜻의 동사 의미와 '~에', '~에서'라는 전치사의 의미가 있습니다. 전치사 ở 뒤에는 어떤 지역이나 장소에 해당하는 명사가 옵니다.

예 Tôi ở nhà. (또이 어 냐) **동사** 나는 집에 있다.

Tôi học ở nhà. (또이 헙 어 냐) **전치사** 나는 집에서 공부한다.

• nhà 냐 명 집

베트남어 뼈대잡GO

1 의문사 nào

의문사 nào는 '어느, 어떤'이라는 뜻으로, 주로 구체적인 선택 안이 있는 상황에서 사용하며 반드시 명사와 결합하여 [명사 + nào?]의 형태로 사용합니다.

주어 + 동사 + 목적어(명사) + nào? ~는 어느/어떤 ~을 ~하나요?

예 A: Chị sống ở thành phố nào ở Việt Nam? (찌 쏭 어 타잉 포 나오 어 비엣 남) 당신(여성)은 베트남에서 어느 도시에 살아요?

B: Tôi ở thành phố Hồ Chí Minh. (또이 어 타잉 포 호 찌 밍) 저는 호찌민에 살고 있어요.

새 단어
- thành phố 타잉 포 명 도시
- Việt Nam 비엣 남 고유 베트남
- Hồ Chí Minh 호 찌 밍 고유 호찌민

2 의문사 đâu

의문사 đâu는 '어디'라는 뜻으로, 장소를 물을 때 사용합니다. 단독으로 쓰이기도 하지만, '~에, ~에 있다'의 뜻을 가진 ở와 결합한 형태로 자주 사용합니다.

주어 + ở đâu? ~는 어디에요?
주어 + 동사 + ở đâu? ~는 어디에서 ~해요?
주어 + 방향 동사(đi/đến/về) + đâu? ~는 ~로 가요?/도착해요?/(돌아)가요?

예 Trường bạn ở đâu? (쓰엉 반 어 더우) 너의 학교는 어디니?

Bạn học ở đâu? (반 헙 어 더우) 너는 어디에서 공부하니?

Bạn đi đâu? (반 디 더우) 너는 어디로 가니?

새 단어
- đi 디 동 가다

말하기 연습하GO

● 단어를 바꾸어 문장을 연습해 보세요.

Track 05-06

1 의문사 **nào**

주어	동사	목적어(명사)	
찌 Chị 당신(여성)	안 ăn 먹다	퍼 phở 쌀국수	나오 **nào?** 어느 / 어떤
아잉 Anh 당신(남성)	무어 mua 사다	꾸아 quả 과일	
반 Bạn 친구	헙 học 공부하다	쯔엉 trường 학교	

2 의문사 **đâu**

주어		
꼼 띠 찌 Công ty chị 당신(여성)의 회사		어 더우 **ở đâu?** 어디에요? 어디에서 ~해요?
아잉 Anh 당신(남성)	**동사** 헙 học 공부하다	
찌 Chị 당신(여성)	**방향 동사** 디 đi 가다 덴 đến 도착하다 베 về (돌아)가다	더우 **đâu?** ~로 가요? ~도착해요? ~(돌아)가요?

연습문제로 실력 다지GO

듣기

1 녹음을 듣고, 내용에 알맞은 그림이면 O, 일치하지 않으면 X를 하세요. Track 05-07

쓰기

2 다음 빈칸에 알맞은 단어를 보기 에서 골라 써 보세요.

보기

ở đâu	thủ đô	đến	nước

❶ A Bạn là người ________ nào?

B Mình ________ từ Hàn Quốc.

❷ A Ở Hàn Quốc bạn sống ________ ?

B Mình sống ở Seoul. Seoul là ________ của Hàn Quốc.

3 다음 문장을 베트남어로 쓰고, 말해보세요.

A 너는 어느 나라 사람이야?

➡ ______________________________

B 나는 베트남 사람이야.

➡ ______________________________

4 다음 문장을 읽고 질문에 답하세요.

Sujee là người Hàn Quốc sống ở Việt Nam.
William và Sujee là sinh viên trường đại học Hà Nội.
William và Sujee học tiếng Việt và nói tiếng Việt rất giỏi.

1. 수지는 한국에서 살고 있다. (O / X)
2. 윌리엄과 수지는 하노이에서 고등학교에 다닌다. (O / X)

- và 바 접 그리고
- Hà Nội 하 노이 고유 하노이

어휘 확장해보GO

녹음을 듣고, 정확한 발음으로 나라 이름 관련 어휘를 따라 읽어 보세요. Track 05-08

1. 한 꾸옥 Hàn Quốc 한국
2. 비엔 남 Việt Nam 베트남
3. 쭝 꾸옥 Trung Quốc 중국
4. 녓 반 Nhật Bản 일본
5. 미 Mỹ 미국
6. 팝 Pháp 프랑스
7. 아잉 Anh 영국
8. 떠이 반 냐 Tây Ban Nha 스페인
9. 언 도 Ấn Độ 인도

베트남을 만나보GO!

★ 베트남 사람들의 낮잠 ★

낮잠이 필요해

베트남에서 생활을 하다 보면 낮잠을 자고 있는 베트남 사람들을 많이 보게 됩니다.

길 위에서는 해먹에서 자고 있는 모습, 오토바이 위에서 자고 있는 모습.

그리고 회사에서, 학교에서는 의자에 기대서 자고 있는 모습, 바닥에 무언가를 깔고 자고 있는 모습 등 베트남 사람들이 낮잠을 자고 있는 모습을 정말 많이 볼 수 있습니다.

베트남 사람들이 낮잠을 자는 이유는 날씨가 많이 덥기 때문인데요. 날씨가 더운 베트남은 하루를 일찍 시작합니다.
8시 정도면 회사 근무와 학교 수업을 시작하는 시간입니다.
조금이라도 덜 더운 이른 시간에 하루 일과를 시작하여 더운 낮 시간에는 낮잠을 자고 휴식을 하며 에너지를 충전합니다.

베트남의 점심 시간 또한 우리나라 보다는 조금 긴 편이고, 공공기관이나 병원 등 점심 시간에는 많은 곳들이 업무를 하지 않습니다.

베트남 생활에서 베트남인들에게 꼭 필요한 부분이니 알아두시면 좋을 것 같아요!

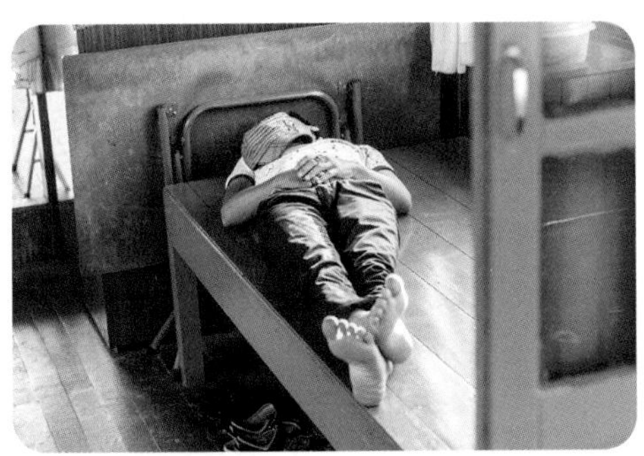

06 Bạn có thời gian không?

너는 시간이 있니?

주요 표현	· 계획 묻고 답하기 · 약속 정하기

주요 어법	· 소유와 존재를 나타내는 동사 có · 소유와 존재를 나타내는 동사 có의 의문문

회화로 말문 트GO ①

수지가 뚜언 선생님에게 주말 계획에 관해 묻습니다. Track 06-02

수지

꾸오이 뚜언 나이 터이 람 지 아
Cuối tuần này thầy làm gì ạ?

뚜언 선생님

터이 즈 딩 라이 쌔 디 자 응오아이 버이 버
Thầy dự định lái xe đi dã ngoại với vợ.

수지

터이 꺼 쌔 오 또 콤 아
Thầy có xe ô tô không ạ?

뚜언 선생님

콤 터이 꺼 쌔 마이
Không, thầy có xe máy.

어 비엔 남 응으어이 따 틱 디 쌔 마이
Ở Việt Nam, người ta thích đi xe máy.

수지

테 아 앰 꿈 무온 헙 라이 쌔 마이 아
Thế à? Em cũng muốn học lái xe máy ạ.

의문문에서 có의 쓰임은 có 뒤에 나오는 품사로 구분할 수 있어요.

- có + 명사 + không?
  동사 có의 의문문으로 여기에서 có는 '(가지고) 있다'라는 동사의 의미로 사용되었기 때문에 생략이 불가능해요.
- (có) + 동사/형용사 + không?
  일반 의문문으로 여기에서 có는 일반 의문문을 만드는 형식으로만 쓰였을 뿐 의미가 없으므로 생략이 가능해요.

새 단어 Track 06-03

- cuối tuần 꾸오이 뚜언 명 주말
- đi 디 동 가다
- vợ 버 명 아내, 부인
- xe máy 쌔 마이 명 오토바이
- lái 라이 동 운전하다
- dự định 즈 딩 동 ~할 예정이다
- dã ngoại 자 응오아이 명 소풍, 나들이
- có 꺼 동 있다, 가지다, 존재하다
- Việt Nam 비엔 남 고유 베트남
- lái xe 라이 쌔 동 운전하다
- với 버이 전 ~와(과) 함께
- xe ô tô 쌔 오 또 명 자동차
- người ta 응으어이 따 명 사람들

해석

수지	이번 주말에 선생님은 무엇을 할 예정이세요?
뚜언 선생님	나는 아내랑 나들이하러 드라이브 가려고 해.
수지	선생님은 차를 가지고 있으세요?
뚜언 선생님	아니, 나는 오토바이가 있어. 베트남에서는 사람들이 오토바이 타는 것을 좋아해.
수지	그래요? 저도 오토바이 운전하는 것을 배우고 싶어요.

꿀팁 챙기GO!

전치사 **với** + 대상(명사)

với는 '~와(과) 함께'라는 뜻으로, 뒤의 대상에는 명사가 옵니다.

예 Tôi đi học tiếng Việt với bạn. (또이 디 헙 띠엥 비엗 버이 반) 나는 친구와 함께 베트남어 공부를 하러 가요.

회화로 말문 트GO ②

헨리가 수지에게 시간이 있는지 묻습니다. 

헨리

반 꺼 터이 지안 콤
Bạn có thời gian không?

수지

꺼 꺼 쭈이엔 지 콤
Có. Có chuyện gì không?

헨리

쭘 따 디 우옹 까 페 디
Chúng ta đi uống cà phê đi.

어 건 더이 꺼 띠엠 까 페 노이 띠엥
Ở gần đây có tiệm cà phê nổi tiếng.

수지

하이 람 쭘 따 디 내
Hay lắm! Chúng ta đi nhé.

Tip!
chuyện은 '일, 이야기'의 뜻으로, 같은 의미를 가진 việc [비엑]을 사용하기도 해요.

Tip!
베트남은 세계에서 손꼽히는 커피 생산국으로 커피의 맛과 향이 우수해요. 특히 연유 커피가 가장 유명해요.

Plus Tip!

세계 2위 커피 생산국, 베트남

베트남이 세계 2위 커피 생산국인 것을 알고 계신가요?
베트남의 중부 고원 지대에서 생산하는 커피의 맛이 아주 일품이라고 합니다.
베트남 여행 시, 꼭 사야하는 쇼핑 리스트 1위로 꼽을 수 있습니다.

새 단어 Track 06-05

- thời gian 터이 지안 명 시간
- chuyện 쭈이엔 명 일
- chúng ta 쭘 따 명 우리
- uống 우옹 동 마시다
- cà phê 까 페 명 커피
- đi 디 부 문장 끝에서 권유나 제안을 나타내는 말
- gần đây 건 더이 부 근처에, 가까이에
- tiệm cà phê 띠엠 까 페 명 커피숍
- nổi tiếng 노이 띠엥 형 유명한
- hay 하이 형 좋은
- nhé 내 부 문장 끝에서 권유나 제안을 나타내는 말

해석

헨리	너는 시간이 있니?
수지	있어, 무슨 일 있어?
헨리	우리 커피를 마시러 가자. 근처에 유명한 커피숍이 있어.
수지	정말 좋아! 우리 가자.

꿀팁 챙기GO!

주어 + 동사 + **đi/nhé**

문장 끝에 đi 또는 nhé를 사용하면, 권유나 제안 또는 가벼운 충고를 나타내는 문형이 됩니다. 보통 đi는 손아랫사람이나 동등한 관계에서 많이 사용합니다.

예 Em tập trung học đi! (앰 떱 쭝 헙 디) 공부에 집중하렴!
Chúng ta đi nhé! (쭝 따 디 내) 우리 가요!

• tập trung 떱 쭝 동 집중하다

베트남어 뼈대잡GO

1 소유와 존재를 나타내는 동사 có

có는 '있다, 가지다, 존재하다'라는 뜻으로, 소유나 존재를 나타냅니다. 부정은 동사 앞에 không을 사용하여 나타냅니다.

평서문	주어 + **có** + 명사 ~는 ~을 (가지고) 있다
부정문	주어 + **không có** + 명사 ~는 ~을 (가지고) 있지 않다

예 Tôi có xe ô tô. (또이 꺼 쌔 오 또) 저는 자동차가 있어요.

Tôi không có xe máy. (또이 콤 꺼 쌔 마이) 저는 오토바이가 없어요.

2 소유와 존재를 나타내는 동사 có의 의문문

일반 의문문 [주어 + (có) + 서술어(동사/형용사) + 목적어 + không?] 구문과는 다르게 동사 có의 의문문은 có가 '(가지고) 있다'라는 동사의 의미를 가지므로 생략할 수 없습니다. 이에 대한 대답으로, 긍정일 때는 có로, 부정일 때는 không으로 대답합니다.

동사 **có**의 의문문	주어 + **có** + 명사 + **không?** ~는 ~을 (가지고) 있나요?

예 A: Bạn có xe máy không? (반 꺼 쌔 마이 콤) 너는 오토바이가 있어?

B: [긍정] Có. Mình có xe máy. (꺼 밍 꺼 쌔 마이) 응. 나는 오토바이가 있어.

[부정] Không. Mình không có xe máy. (콤 밍 콤 꺼 쌔 마이) 아니. 나는 오토바이가 없어.

말하기 연습하GO

● 단어를 바꾸어 문장을 연습해 보세요. Track 06-06

1 동사 có의 평서문과 부정문

주어		명사
또이 Tôi 나	꺼 **có** 있다	쌔 마이 xe máy 오토바이
	콤 꺼 **không có** 없다	쌔 오 또 xe ô tô 자동차

2 동사 có의 의문문

주어		명사	
아잉 Anh 당신(남성)	꺼 **có**	쌔 마이 xe máy 오토바이	콤 **không?** 있나요?
		쌔 오 또 xe ô tô 자동차	
		뜨 디엔 từ điển 사전	

연습문제로 실력 다지GO

1 녹음을 듣고, 내용에 알맞은 그림이면 O, 일치하지 않으면 X를 하세요.

Track 06-07

2 다음 빈칸에 알맞은 단어를 보기 에서 골라 써 보세요.

보기

với **hay** **làm** **đi**

❶ A Cuối tuần này thầy ________ gì ạ?

B Thầy dự định lái xe đi dã ngoại ________ vợ.

❷ A Chúng ta đi uống cà phê ________ .

B ________ lắm! Chúng ta đi nhé.

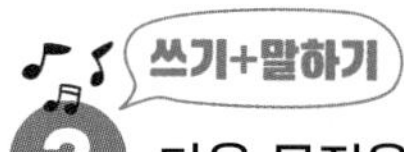

3 다음 문장을 베트남어로 쓰고, 말해보세요.

A 근처에 커피숍이 있나요?

➡ ______________________

B 네, 근처에 커피숍이 있어요.

➡ ______________________

4 다음 문장을 읽고 질문에 답하세요.

A Cuối tuần này em có thời gian không?

B Có ạ. Có chuyện gì không ạ?

A Chị muốn đi xem phim với em.

B Hay lắm. Phim tên gì ạ?

A 'Mùi đu đủ xanh'. Chúng ta đi xem nhé!

❶ A는 B보다 나이가 많다. (O / X)

❷ B는 주말에 시간이 없다. (O / X)

- xem 쌤 ㊍ 보다 • phim 핌 ㊌ 영화
- Mùi đu đủ xanh 무이 두 두 싸잉 ㉆ 그린 파파야 향기[영화명]

어휘 확장해보GO

녹음을 듣고, 정확한 발음으로 취미 관련 어휘를 따라 읽어 보세요. Track 06-08

1 

쌤 핌
xem phim
영화를 보다

2 

덥 싸익
đọc sách
책을 읽다

3 

쭙 아잉 쭙 힝
chụp ảnh / chụp hình
사진을 찍다

4 

너우 안
nấu ăn
요리를 하다

5 

주 릭
du lịch
여행을 하다

6 

응애 냑
nghe nhạc
음악을 듣다

7 

쩌이 테 타오
chơi thể thao
운동을 하다

8 

버이
bơi
수영하다

9 

무어 쌈
mua sắm
쇼핑을 하다

베트남을 만나보GO!

★ 베트남 사람들의 이름 ★

베트남 사람들의 이름은 어떻게 불러야 하나요?

베트남 사람들의 이름은 성과 가운데자, 그리고 끝 이름으로 이루어져 있습니다. 예를들어 'Hoàng Thùy Linh(호앙 투이 링)'이라는 베트남인의 성은 Hoàng(호앙), 가운데자는 'Thùy(투이)' 그리고 끝 이름은 'Linh(링)'입니다. 우리가 상대를 부를 때 사용하는 이름이 바로 끝 이름이며 일반적으로 '존칭+이름 (Ms. Linh)'이 호칭이 됩니다.

베트남 문화에 익숙하지 않은 사람들은 이름만 보고는 남자인지, 여자인지 구별이 힘든데요, 남자 이름과 여자 이름에 자주 쓰는 글자를 알아 두면 유용할 수 있습니다.

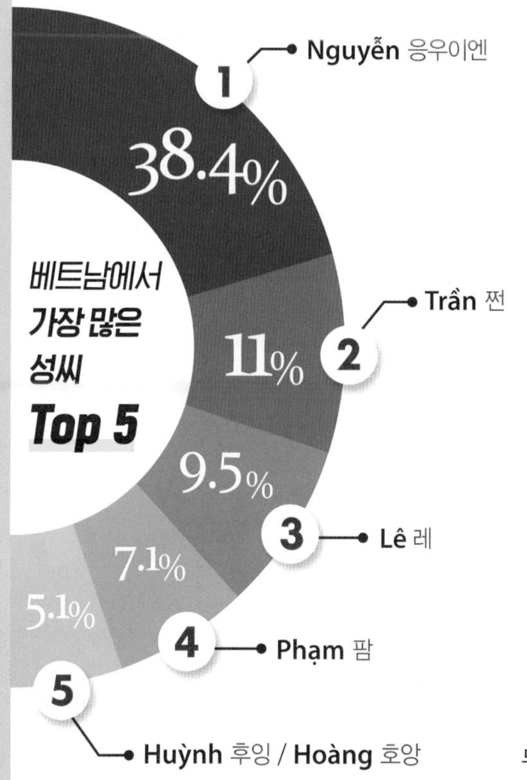

▼ 여성의 이름에 주로 들어가는 글자

Thu(투)
Hà(하)
Phương(프엉)

▼ 남성의 이름에 주로 들어가는 글자

Tuấn(뚜언)
Anh(아잉)
Minh(밍)

베트남에도 우리나라의 '김, 이, 박'처럼 가장 많은 성씨가 있습니다. 베트남도 중국의 영향을 받아 한자에서 비롯된 성씨가 많으며, 이 중 응우이엔(阮)씨는 가장 많은 성씨로 전체 인구에서 차지하는 비중이 무려 38.4%나 된다고 합니다. 이 밖에도 '쩐(陳), 레(黎)' 등이 각각 11%, 9.5%로 그 뒤를 잇고 있습니다.

07 Em đang sống với ai?

너는 누구와 함께 살고 있니?

Track 07-01

주요 표현	· 가족 구성원 묻고 답하기 · 계획 묻고 답하기

주요 어법	· 기본 시제(과거, 현재, 미래) · 의문사 ai

회화로 말문 트GO ①

뚜언 선생님이 수지에게 가족 관계에 관해 묻습니다. Track 07-02

뚜언 선생님 어 비엗 남 앰 당 쏨 버이 아이
Ở Việt Nam em đang sống với ai?

수지 벙 앰 당 쏨 버이 지아 딩 아
Vâng, em đang sống với gia đình ạ.

뚜언 선생님 지아 딩 앰 꺼 니응 아이
Gia đình em có những ai?

수지 보 매 앰 바 앰 짜이 아
Bố mẹ, em và em trai ạ.

뚜언 선생님 앰 꺼 앰 짜이 하
Em có em trai hả?

수지 벙 앰 짜이 당 라 헙 씽 럽 싸우 아
Vâng, em trai đang là học sinh lớp 6 ạ.

Tip! đang은 현재 진행 시제를 나타내며, 주어와 서술어 사이에 위치해요.

Tip! bố(아버지)와 mẹ(어머니)를 한 번에 붙여 쓰면 부모님이라는 단어가 돼요.

새 단어 Track 07-03

- đang 당 ~하고 있는 중이다[현재 진행 시제]
- ai 아이 ㊐ 누구, 누가
- gia đình 지아 딩 ㊔ 가족
- những 니응 ㊑ 명사 앞에서 복수를 나타내는 말
- bố mẹ 보 매 ㊔ 부모님
- và 바 ㊒ 그리고
- em trai 앰 짜이 ㊔ 남동생
- hả 하 ㊓ (놀람을 나타내며) 되물어 보는 말
- học sinh 헙 씽 ㊔ 학생
- lớp 럽 ㊔ 학년, 반

해석

뚜언 선생님	베트남에서 너는 누구와 함께 살고 있니?
수지	네, 저는 가족들과 함께 살고 있어요.
뚜언 선생님	가족 구성원이 어떻게 되니?
수지	부모님과 저, 그리고 남동생이에요.
뚜언 선생님	남동생이 있니?
수지	네, 남동생은 지금 6학년 학생이에요.

꿀팁 챙기GO!

- trong 쩜 전 ~중에, ~안에
- chăm chỉ 짬 찌 형 열심히 하는

○ 명사의 복수형 – các/những + 명사

các/những은 '~들'이라는 뜻으로, 명사와 결합하여 복수를 만듭니다. các은 어떠한 집합체의 전부나 전체를 가리키고, những은 구체적인 대상을 나타낼 때나 비교 대상이 있을 경우 사용합니다.

예 Các bạn trong lớp học chăm chỉ. (깍 반 쩜 럽 헙 짬 찌) 반 친구들은 공부를 열심히 한다. [비교 대상이 없음]

예 Những bạn lớp 2 học chăm chỉ. (니응 반 럽 하이 헙 짬 찌) 2반 친구들은 공부를 열심히 한다. [다른 반과의 비교 뉘앙스]

회화로 말문 트GO ②

준우와 타오가 내일의 계획에 관해 이야기합니다. Track 07-04

준우

응아이 마이 앰 쌔 람 지
Ngày mai em sẽ làm gì?

타오

앰 쌔 디 쌤 핌 껀 아잉 준우
Em sẽ đi xem phim. Còn anh Junwoo?

준우

아잉 쌔 응이 어 냐 아잉 터이 멘 꾸아
Anh sẽ nghỉ ở nhà. Anh thấy mệt quá.

타오

자오 나이 아잉 다 람 비엑 니에우 마
Dạo này anh đã làm việc nhiều mà.

꼬 렌 냬
Cố lên nhé!

혼동하기 쉬운 어휘

- nghỉ [응이] 쉬다
- nghĩ [응이] 생각하다

→ 성조 하나로 달라지는 어휘에 유의하세요.

thấy는 '느끼다(feel)'의 뜻과 함께 '보다, 보이다(see)'의 뜻도 있어요.

베트남의 5.5일 근무제도

베트남은 한국과 달리 5.5일 근무제도를 시행하고 있습니다. 월요일부터 금요일까지 출근하고 토요일에도 회사에 출근하여 오전 혹은 오후까지 근무를 합니다. 보통 아침 7시에 출근하여 저녁 5시에 퇴근합니다.

새 단어 Track 07-05

- ngày mai 응아이 마이 명 내일
- sẽ 쌔 조동 ~할 것이다[미래 시제]
- xem 쌤 동 보다
- phim 핌 명 영화
- nghỉ 응이 동 쉬다
- nhà 냐 명 집
- thấy 터이 동 느끼다
- mệt 멘 형 피곤한, 지친
- đã 다 조동 ~했다[과거 시제]
- việc 비엑 명 일
- nhiều 니에우 부 많이
- mà 마 접 ~잖아요[문장 끝에서 의견을 강조하는 말]
- cố lên 꼬 렌 힘내, 파이팅

해석

준우	내일 무엇을 할 거예요?
타오	영화 보러 갈 거예요. 준우 씨는요?
준우	집에서 쉴 거예요. 너무 피곤해요.
타오	요즘 일을 많이 했잖아요. 힘내세요!

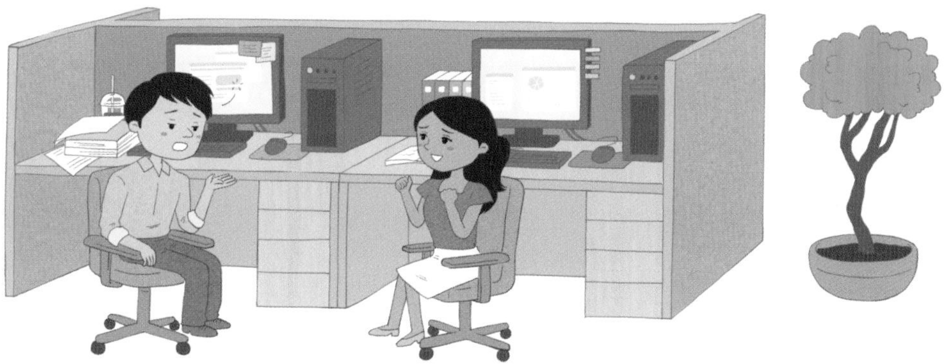

꿀팁 챙기GO!

주어 + 동사/형용사 + mà

mà는 '~잖아요'라는 뜻으로, 문장 끝에서 자신의 의견을 강조하거나, 상대를 설득하는 뉘앙스를 나타냅니다.

예 Tôi đã nói rồi mà. (또이 다 너이 조이 마) 제가 이미 말했잖아요.

• rồi 조이 부 이미[완료]

베트남어 뼈대잡GO

1 기본 시제(과거, 현재, 미래)

베트남어는 시제를 표현할 때 동사(구) 앞에 시제를 나타내는 단어 đã, đang, sẽ를 넣어 과거, 현재, 미래를 나타냅니다.

<table>
<tr><td rowspan="3">주어</td><td>다
đã 과거(완료)</td><td rowspan="3">동사(구)</td></tr>
<tr><td>당
đang 현재(진행)</td></tr>
<tr><td>쌔
sẽ 미래(의지)</td></tr>
</table>

예 또이 다 응이 어 냐
Tôi đã nghỉ ở nhà. 저는 집에서 쉬었어요. [과거]

또이 당 응이 어 냐
Tôi đang nghỉ ở nhà. 저는 집에서 쉬고 있어요. [현재]

또이 쌔 응이 어 냐
Tôi sẽ nghỉ ở nhà. 저는 집에서 쉴 거예요. [미래]

2 의문사 ai

의문사 ai는 '누가, 누구'의 뜻으로, 주어, 목적어 또는 보어 자리에 넣어 표현합니다. 또한 '~와(과)'의 뜻을 나타내는 전치사 với와 결합한 형태로 행위를 함께하는 대상을 물어보는 표현으로 사용합니다.

ai + 동사 + 목적어? 누가 ~을 ~해요?
주어 + 동사 + ai? 누구를 ~해요?
주어 + 동사 + với ai? 누구와 함께 ~해요?

예 아이 디 한 꾸옥
Ai đi Hàn Quốc? 누가 한국에 갔나요?

아잉 갑 아이
Anh gặp ai? 당신(남성)은 누구를 만나나요?

찌 디 우옹 까 페 버이아이
Chị đi uống cà phê với ai? 당신(여성)은 누구와 함께 커피를 마시러 가나요?

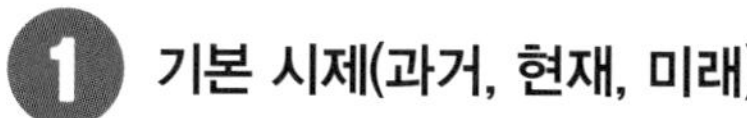

● 단어를 바꾸어 문장을 연습해 보세요.

Track 07-06

1 기본 시제(과거, 현재, 미래)

주어	시제	동사(구)
아잉 어이 Anh ấy 그	다 **đã** ~했다	디 비엔 남 đi Việt Nam 베트남 가다
찌 어이 Chị ấy 그녀	당 **đang** ~하고 있다	우옹 까 페 uống cà phê 커피 마시다
반 어이 Bạn ấy 그 친구	쌔 **sẽ** ~할 것이다	안 퍼 ăn phở 쌀국수 먹다

2 의문사 ai

주어	동사	전치사	목적어
아이 **Ai** 누가	디 đi 가다		비엔 남 Việt Nam? 베트남
반 Bạn 친구	터이 thấy 보이다		아이 **ai?** 누구
찌 Chị 당신(여성)	안 ăn 먹다	버이 **với** ~와 함께	아이 **ai?** 누구

연습문제로 실력 다지GO

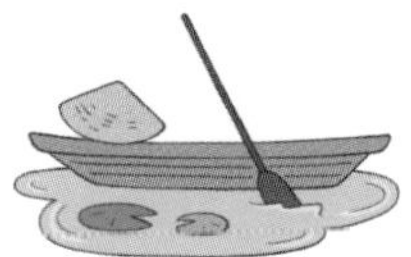

듣기

1 녹음을 듣고, 내용에 알맞은 그림이면 O, 일치하지 않으면 X를 하세요. Track 07-07

❶

❷

쓰기

2 다음 빈칸에 알맞은 단어를 보기 에서 골라 써 보세요.

보기

ai **đi** **sẽ** **với**

❶ A Ở Việt Nam em đang sống với ________ ?

B Em đang sống ________ gia đình.

❷ A Ngày mai em ________ làm gì?

B Em sẽ ________ xem phim.

쓰기+말하기

3 다음 문장을 베트남어로 쓰고, 말해보세요.

A 베트남에서 너는 누구와 함께 살고 있니?

➡ ______________________

B 네, 저는 가족들과 함께 살고 있어요.

➡ ______________________

읽기

4 다음 문장을 읽고 질문에 답하세요.

A Em đang làm gì?

B Em đang học tiếng Việt.

A Ở trường, ai dạy tiếng Việt?

B Cô Hoa dạy tiếng Việt. Cô Hoa là giáo viên tiếng Việt của em.

A Ngày mai em sẽ làm gì?

B Ngày mai em sẽ nghỉ ở nhà.

- dạy 자이 ㊍ 가르치다
- giáo viên 지아오 비엔 ㊔ 교직원
- Hoa 호아 (인명) 호아

❶ 지금 B가 하는 일은 무엇인가요?

➡ ______________________

❷ 내일 B가 할 일은 무엇인가요?

➡ ______________________

어휘 확장해보GO

녹음을 듣고, 정확한 발음으로 장소 관련 어휘를 따라 읽어 보세요. Track 07-08

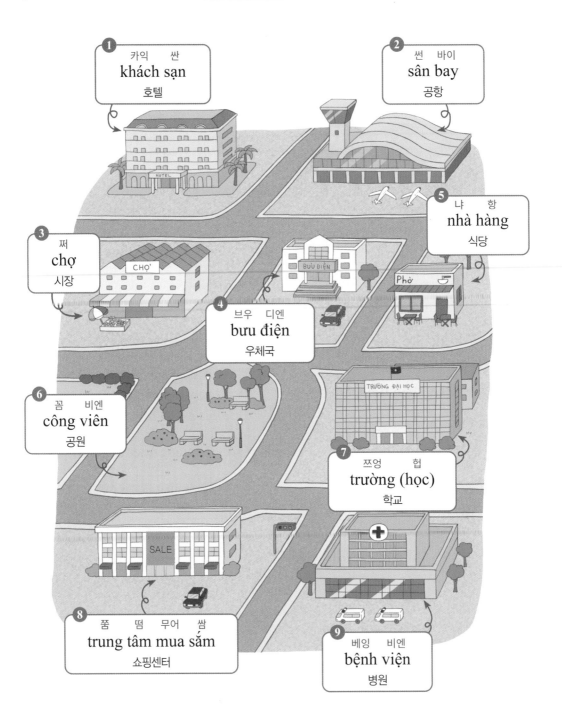

1. 카익 싼 **khách sạn** 호텔
2. 썬 바이 **sân bay** 공항
3. 쩌 **chợ** 시장
4. 브우 디엔 **bưu điện** 우체국
5. 냐 항 **nhà hàng** 식당
6. 꼼 비엔 **công viên** 공원
7. 쯔엉 헙 **trường (học)** 학교
8. 쭘 떰 무어 쌈 **trung tâm mua sắm** 쇼핑센터
9. 베잉 비엔 **bệnh viện** 병원

베트남을 만나보GO!

★ 베트남의 전통 의상 ★

신비함이 가득한 베트남의 아오자이

베트남을 배경으로 한 영화를 떠올려 보면 가장 먼저 생각나는 것이 베트남 전통의상인 아오자이를 입은 날씬한 여성일 것입니다. 베트남어로 '아오(áo)'는 '옷', '자이(dài)'는 '길다'라는 뜻입니다. 즉 이름에서도 옷의 형태를 알 수 있죠.

아오자이의 상의는 보통 다리까지 내려올 정도로 길고, 하의는 통바지 형태로 되어 있습니다. 언뜻보면 중국의 치파오와 비슷해 보이지만, 안에 통이 넓은 바지를 입는다는 점이 다릅니다. 아오자이는 신체의 사이즈를 18곳이나 재서 만들 정도로 섬세한 옷입니다. 입는 사람의 몸에 꼭 맞으며 아름다운 몸의 선이 그대로 드러나 마른 몸매의 베트남 여성들에게 무척 잘 어울리는 옷이기도 합니다.

베트남의 관공서, 은행, 호텔, 항공사에서의 유니폼, 그리고 결혼식, 입학식, 졸업식 등 특별한 행사가 있을 때 아오자이의 모습을 많이 볼 수 있습니다.

그렇다면 베트남에서 아오자이를 입어보고 싶을 때 꼭 신체 사이즈를 전부 재야 할까요? 그렇지는 않습니다. 요즘은 다양한 사이즈의 기성 제품들이 많기 때문에 누구나 쉽게 자신의 사이즈에 맞는 아오자이를 구입할 수 있습니다. 하늘거리는 아오자이를 입고, 베트남의 핫 플레이스에서 멋진 사진을 찍어보는 것은 어떨까요? 베트남 여행의 즐거움 중 하나가 될 것입니다.

08 Anh đã kết hôn chưa?
당신은 결혼을 했나요?

주요 표현
- 결혼 여부 묻고 답하기
- 귀국 계획 묻기

주요 어법
- 근접 시제
- 완료와 미완료

회화로 말문 트GO ❶

타오가 준우에게 결혼 여부에 관해 묻습니다. Track 08-02

타오

아잉 다 껜 혼 쯔어 아
Anh đã kết hôn chưa ạ?

준우

조이 아잉 럽 지아 딩 건 하이 남 조이
Rồi. Anh lập gia đình gần 2 năm rồi.

타오

테 아잉 다 꺼 껀 쯔어 아
Thế anh đã có con chưa ạ?

준우

쯔어 니응 버이 지어 버 아잉 당 망 타이
Chưa, nhưng bây giờ vợ anh đang mang thai.

타오

쭙 믕 아잉
Chúc mừng anh!

Tip!

chúc mừng은 축하의 표현으로 다양한 상황에서 사용할 수 있어요.

- 쭙 믕 씽 녇
  Chúc mừng sinh nhật!
  생일 축하해요!
- 쭙 믕 똗 응이엡
  Chúc mừng tốt nghiệp!
  졸업을 축하해요!

베트남의 결혼식

일반적으로 사용하는 '결혼식'이라는 베트남어는 'lễ kết hôn, đám cưới'이지만 결혼식을 하는 장소에 따라 단어의 사용을 조금 더 상세하게 나눌 수 있습니다. 'vu quy(于歸)'는 '딸이 시집가다'라는 의미가 있기 때문에 신부의 고향이나 신부의 집에서 결혼식을 하면 'lễ vu quy'라는 단어를 사용합니다. 신랑의 고향이나 신랑의 집에서 결혼식을 하면 'lễ thành hôn'이라고 하며, 'thành hôn(成婚)'은 '아들이 결혼해서 신부를 맞이하다'라는 의미가 있습니다.

새 단어 Track 08-03

- (đã)~chưa (다) 쯔어 ~했어요?
- lập 럽 ⓢ 세우다
- thế 테 ⓑ 그러면
- nhưng 니응 ⓙ 그러나
- chúc mừng 쭙 믕 ⓢ 축하하다
- kết hôn 껜 혼 ⓢ 결혼하다
- gần 건 ⓗ 가까운
- con 껀 ⓜ 자녀, 아이
- bây giờ 버이 지어 ⓜ 지금
- rồi 조이 ⓑ 이미[완료]
- năm 남 ⓜ 해, 년
- chưa 쯔어 ⓑ 아직 ~않다
- mang thai 망 타이 ⓢ 임신하다

해석

타오	당신은 결혼을 했나요?
준우	이미 했어요. 저는 결혼한 지 2년이 되었어요.
타오	그러면 아이는 있나요?
준우	아직이요, 하지만 지금 제 아내가 임신 중이에요.
타오	축하드려요!

꿀팁 챙기GO!

● '결혼하다'의 다양한 표현

kết hôn은 '결혼하다'라는 뜻으로, 한자에서 온 단어입니다. 이 외에도 '결혼하다'의 표현으로는 lập gia đình(가족을 이루다), lấy vợ/lấy chồng(아내를 얻다/남편을 얻다) 등이 있습니다.

예 또이 다 껫 혼 조이
Tôi đã kết hôn rồi. 저는 이미 결혼했어요.

또이 다 럽 지아 딩 조이
Tôi đã lập gia đình rồi. 저는 이미 가족을 이뤘어요.

또이 다 러이 버 조이 / 또이 러이 쫌 조이
Tôi đã lấy vợ rồi. / Tôi lấy chồng rồi. 저는 이미 아내 / 남편을 얻었어요.

회화로 말문 트GO ②

월리엄이 줄리아에게 귀국일에 관해 묻습니다. Track 08-04

월리엄

반 쌉 베 느억 쯔어
Bạn sắp về nước chưa?

줄리아

으 쭈 녇 나이 밍 베 느억
Ừ, chủ nhật này mình về nước.

월리엄

밍 터이 반 쏨 어 더이 러우 조이
Mình thấy bạn sống ở đây lâu rồi.

반 어 비엗 남 헌 몯 남 조이 파이 콤
Bạn ở Việt Nam hơn 1 năm rồi, phải không?

줄리아

으 파이 터이 지안 쪼이 냐잉 꾸아
Ừ, phải. Thời gian trôi nhanh quá!

Tip!

요일은 서수로 표현해요.

일요일	chủ nhật [쭈 녇]
월요일	thứ hai [트 하이]
화요일	thứ ba [트 바]
수요일	thứ tư [트 뜨]
목요일	thứ năm [트 남]
금요일	thứ sáu [트 싸우]
토요일	thứ bảy [트 바이]

Tip!

'nhanh'의 반대말은 'chậm [쩜] 느린'이라는 단어예요.

예 A: Đi chậm giúp tôi. (디 쩜 지웁 또이)
천천히 가주세요.

긍정 대답 표현

'Ừ'는 대답할 때 쓰는 말입니다.
이 표현은 친한 사이나 윗사람이 아랫사람에게 말할 때에만 사용할 수 있습니다.

예 A: Anh có xe máy không? [아잉 꺼 쌔 마이 콤] 형은 오토바이가 있어요?
B: Ừ, có. [으 꺼] 응, 있어.

새 단어 Track 08-05

- sắp~chưa 쌉 쯔어 곧 ~할 겁니까?
- về nước 베 느억 동 귀국하다
- ừ 으 감탄 응(대답하는 말)
- chủ nhật 쭈 녇 명 일요일
- ở đây 어 더이 부 여기에
- hơn 헌 접 ~이상
- trôi 쪼이 동 흐르다, 지나가다
- nhanh 냐잉 형 빠른

해석

윌리엄	곧 귀국하지?
줄리아	응, 이번 주 일요일에 귀국해.
윌리엄	내가 느끼기에 네가 여기에 산 지 오래된 것 같아. 너는 베트남에 이미 1년 넘게 있었지, 그렇지?
줄리아	응, 맞아. 시간이 정말 빠르게 지나간 것 같아!

꿀팁 챙기GO!

hơn + 숫자

hơn은 '~이상'이라는 뜻으로, 뒤에 숫자와 결합 시 그 숫자가 초과함을 나타냅니다.

예 Tôi làm việc ở công ty này hơn 2 năm rồi. (또이 람 비엑 어 꼼 띠 나이 헌 하이 남 조이) 나는 이 회사에서 일한 지 2년이 넘었어요.

베트남어 뼈대잡GO

1 근접 시제

근접 시제는 가까운 과거에 일어난 일이나 가까운 미래에 일어날 일 등을 나타내는 시제로, 동사(구)와 형용사 앞에 위치합니다.

예 또이 브어 머이 브어 머이 우옹 까 페
Tôi vừa/mới/vừa mới uống cà phê. 나는 막 커피를 마셨어요.

또이 쌉 베 느억
Tôi sắp về nước. 나는 곧 귀국해요.

2 완료와 미완료

완료 표현은 시제와 함께 '이미 ~인, ~한'의 뜻을 가진 rồi를 문장 끝에 결합하여 표현하고, 미완료 표현은 '아직 ~하지 않은'의 뜻을 가진 chưa를 동사(구)와 형용사 앞에 넣어 표현합니다.
이에 대한 완료 여부를 묻는 문형은 시제와 함께 chưa를 넣어 만들며, 이때 chưa는 특별한 뜻 없이 질문을 만드는 공식으로서만 사용됩니다. 이에 대해 긍정은 rồi, 부정은 chưa로 대답합니다.

<table>
<tr><td>질문</td><td colspan="2">주어 + sắp + 동사(구)/형용사 + chưa? ~는 곧 ~하나요?
주어 + (đã) + 동사(구)/형용사 + chưa? ~는 ~했나요?</td></tr>
<tr><td rowspan="2">대답</td><td>[완료] rồi 이미 ~했어요</td><td>[미완료] chưa 아직 ~하지 않았어요</td></tr>
<tr><td>주어 + sắp + 동사(구)/형용사 + rồi
: ~는 곧 ~해요
주어 + (đã) + 동사(구)/형용사 + rồi
: ~는 이미 ~했어요</td><td>주어 + chưa + 동사(구)/형용사
: ~는 아직 ~하지 않았어요</td></tr>
</table>

	예 반 쌉 덴 쯔어 Bạn sắp đến chưa? 곧 도착하니?	예 반 다 안 껌 쯔어 Bạn đã ăn cơm chưa? 밥을 먹었니?
완료	조이 밍 쌉 덴 조이 Rồi. Mình sắp đến rồi. 응, 곧 도착해.	조이 밍 다 안 조이 Rồi. Mình (đã) ăn rồi. 응, 이미 먹었어.
미완료	쯔어 밍 쯔어 덴 Chưa. Mình chưa đến. 아니, 아직 도착하지 않았어.	쯔어 밍 쯔어 안 Chưa. Mình chưa ăn. 아니, 아직 먹지 않았어.

새 단어 • cơm 껌 명 밥

말하기 연습하GO

● 단어를 바꾸어 문장을 연습해 보세요. Track 08-06

1 근접 시제

주어	시제	동사(구) / 형용사
또이 Tôi 나	브어 머이 브어 머이 **vừa / mới / vừa mới**	덴 꼼 띠 đến công ty 회사에 도착하다
하 노이 Hà Nội 하노이	쌉 **sắp**	라잉 lạnh 추운

2 완료와 미완료

	주어		형용사	
질문	아잉 Anh 당신(남성)	쌉 **sắp**	더이 đói 배고픈	쯔어 **chưa?**
완료 **Rồi**	아잉 Anh 저	쌉 **sắp**		조이 **rồi.**
미완료 **Chưa**	아잉 Anh 저	쯔어 **chưa**		

	주어		동사(구)	
질문	반 Bạn 친구	다 **đã**	우옹 까 페 uống cà phê 커피를 마시다	쯔어 **chưa?**
완료 **Rồi**	밍 Mình 나	다 **đã**		조이 **rồi.**
미완료 **Chưa**	밍 Mình 나	쯔어 **chưa**		

연습문제로 실력 다지GO

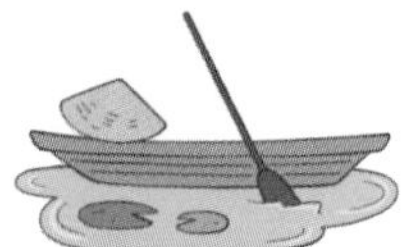

듣기

1 녹음을 듣고, 내용에 알맞은 그림이면 O, 일치하지 않으면 X를 하세요. Track 08-07

쓰기

2 다음 빈칸에 알맞은 단어를 보기 에서 골라 써 보세요.

보기

hơn **đã** **rồi** **chưa**

❶ A Anh ________ kết hôn ________ ạ?

B ________ . Anh lập gia đình gần 2 năm rồi.

❷ A Bạn ở Việt Nam ________ 1 năm rồi, phải không?

B Ừ, phải.

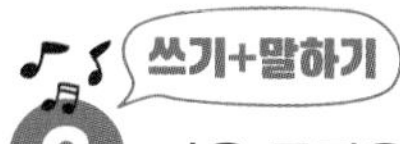

3 다음 문장을 베트남어로 쓰고, 말해보세요.

A 밥은 먹었니?

➡ ______________________

B 아니, 아직 먹지 않았어.

➡ ______________________

4 다음 문장을 읽고 질문에 답하세요.

A Anh đã làm việc xong chưa?

B Rồi, anh vừa làm xong.

A Anh sắp đi công tác phải không?

B Ừ, ngày mai anh sẽ đi Việt Nam.

- xong 썸 동 끝나다
- vừa 브어 부 막 ~하다
- đi công tác 디 꼼 딱 동 출장가다

❶ B는 아직 일이 끝나지 않았다. (O / X)

❷ A는 곧 출장을 간다.(O / X)

어휘 확장해보GO

녹음을 듣고, 정확한 발음으로 반대되는 어휘를 따라 읽어 보세요. Track 08-08

❶

낭 nặng 무거운	↔	내 nhẹ 가벼운

❷

까오 cao 키가 큰	↔	텁 thấp 키가 작은

❸

니에우 nhiều 많은	↔	읻 ít 적은

❹

지아 già 늙은	↔	째 trẻ 젊은

❺

코애 khỏe 건강한	↔	이에우 yếu 약한

❻

런 lớn 큰	↔	배 bé 작은

베트남을 만나보GO!

★ 베트남의 기후 ★

베트남에서도 두꺼운 점퍼를 입는다고요?

베트남의 지형은 긴 S자 형태로, 최남단에서 최북단까지의 거리가 1,750km가 될 정도로 상당히 떨어져 있습니다. 이로 인해 지역별 기후 차도 매우 뚜렷하게 나타납니다.

북부

베트남의 북부 지역은 우리나라와 비슷하게 사계절이 있습니다. 봄과 가을은 상대적으로 짧은 편이나 겨울에는 눈이 오는 지역도 있을 만큼 기온도 많이 내려갑니다. 현지인들이 두꺼운 점퍼를 입고 다니는 모습을 흔하게 볼 수 있습니다.

중부

중부 지역 중에는 고원 지대가 있는 지역이 많은데, 이 고원 지대는 이름처럼 높이 위치해 있기 때문에 비교적 서늘한 기후를 보입니다. 이 서늘한 기후로 인해 베트남의 커피와 같은 여러 작물 등을 많이 재배하는 지역이기도 합니다. 우리나라 가을~초겨울 정도의 날씨로 시원하고 선선하여 여행을 즐기기에 아주 좋은 지역입니다.

남부

호찌민시를 중심으로한 남부 지역은 전형적인 동남아 날씨입니다. 평균 기온은 27~30도이며, 건기와 우기로 계절을 나눌 수 있습니다. 건기는 한국의 여름과 비교할 수 없을 정도로 햇볕이 뜨겁습니다. 우기가 되면 게릴라성 폭우가 하루에도 몇 번씩 내려, 베트남 사람들은 우기에 꼭 우비를 가지고 다니곤 합니다.

09 Bây giờ là mấy giờ?
지금 몇 시니?

주요 표현
- 시간 묻고 답하기
- 나이 묻기

주요 어법
- 수량을 묻는 표현
- 시각 표현

회화로 말문 트GO ①

줄리아가 윌리엄에게 시간을 묻습니다. Track 09-02

줄리아

버이 지어 라 머이 지어
Bây giờ là mấy giờ?

윌리엄

버이 지어 라 남 지어 깸 므어이
Bây giờ là 5 giờ kém 10.

줄리아

쭘 따 무온 조이 쌔 부읻 커이 하잉
Chúng ta muộn rồi. Xe buýt khởi hành
룹 남 지어 마
lúc 5 giờ mà.

khởi hành 대신 '달리다' 라는 뜻을 가진 chạy[짜이]로 바꾸어 쓸 수 있어요.

윌리엄

콤 싸오 모이 바 므어이 풉 꺼 몯 쭈이엔 더이
Không sao. Mỗi 30 phút có 1 chuyến đấy.

줄리아

비엔 조이 니응 쯔엉 찡 받 더우 룹 남 지어 즈어이 마
Biết rồi, nhưng chương trình bắt đầu lúc 5 giờ rưỡi mà.

윌리엄

테 아 쭘 따 디 냐잉 렌 디
Thế à? Chúng ta đi nhanh lên đi.

새 단어 Track 09-03

- mấy 머이 ㉦ 몇
- giờ 지어 ㊔ 시
- kém 깸 ㊖ 부족한, 모자란
- muộn 무온 ㊖ 늦은
- xe buýt 쌔 부읻 ㊔ 버스
- khởi hành 커이 하잉 ㊍ 출발하다
- lúc 룹 ㊜ ~에, 때(시간)
- mỗi 모이 ㊖ 마다, 각각의
- phút 풉 ㊔ 분
- chuyến 쭈이엔 ㊔ 편, 노선
- đấy 더이 ㊊ 문장 끝에서 강조를 나타내는 말
- biết 비엔 ㊍ 알다
- chương trình 쯔엉 찡 ㊔ 프로그램(콘서트)
- bắt đầu 받 더우 ㊍ 시작하다
- 단위 + rưỡi 즈어이 ㊔ 단위의 반
- nhanh lên 냐잉 렌 ㊊ 빨리, 어서

해석

줄리아　지금은 몇 시니?

윌리엄　지금은 5시 되기 10분 전이야.

줄리아　우리 이미 늦었어! 버스가 5시에 출발하잖아.

윌리엄　괜찮아. 30분마다 차편이 있어.

줄리아　알아, 그렇지만 프로그램(콘서트)이 5시 반에 시작하잖아.

윌리엄　그래? 우리 서둘러가자.

꿀팁 챙기GO!

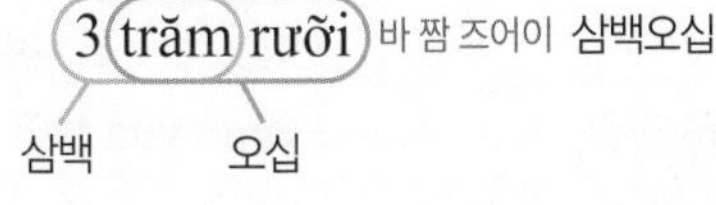

단위 + rưỡi 단위의 반

• 시각 표현

5 giờ rưỡi 남 지어 즈어이 5시 반

5시　반, 30분

• 숫자 표현

3 trăm rưỡi 바 짬 즈어이 삼백오십

삼백　오십

회화로 말문 트GO ②

콘서트장에서 윌리엄이 줄리아에게 가수의 나이를 묻습니다. Track 09-04

윌리엄

까 씨 나이 핟 하이 람
Ca sĩ này hát hay lắm!

남 나이 아잉 어이 바오 니에우 뚜오이 버이
Năm nay anh ấy bao nhiêu tuổi vậy?

줄리아

응애 너이 남 나이 아잉 어이 므어이 싸우뚜오이
Nghe nói năm nay anh ấy 16 tuổi.

윌리엄

테 아 아잉 어이 째 꾸아
Thế à? Anh ấy trẻ quá!

줄리아

으 반 꺼 비엔 콤
Ừ, bạn có biết không?

아잉 어이 브어 라 까 씨 브어 라 지엔 비엔 더이
Anh ấy vừa là ca sĩ vừa là diễn viên đấy.

윌리엄

지어이 꾸아 홈 나이 밍 머이 비엗
Giỏi quá! Hôm nay mình mới biết.

Tip!

nghe nói는 제삼자에게 들은 내용을 상대방에게 전달할 때 사용하는 표현이에요.

새 단어 Track 09-05

- ca sĩ 까 씨 명 가수
- hát 핟 동 노래하다
- hay 하이 형 잘하는
- năm nay 남 나이 명 올해
- anh ấy 아잉 어이 명 그
- bao nhiêu 바오 니에우 의 얼마나, 얼마
- tuổi 뚜오이 명 나이
- vậy 버이 부 그러한(강조)
- nghe nói 응애 너이 동 말하는 것을 듣다
- trẻ 째 형 젊은, 어린
- vừa~vừa 브어 브어 부 ~하면서 ~하다
- diễn viên 지엔 비엔 명 배우
- hôm nay 홈 나이 명 오늘
- mới 머이 부 막 ~하다

해석

윌리엄	이 가수는 노래를 정말 잘한다. 그는 올해 나이가 몇 살이야?
줄리아	내가 듣기로 그는 올해 16살이래.
윌리엄	그래? 정말 어리구나!
줄리아	응, 너는 알아? 그는 가수이면서 배우야.
윌리엄	정말 멋지다! 나는 오늘 막 알게 됐어.

꿀팁 챙기GO!

vừa A vừa B A 하면서 B 하다

vừa는 근접 과거 외에 상관 접속사로 쓰이는데, 이 경우 'A 하면서 B 하다'라는 뜻을 나타냅니다. A와 B에는 동사와 형용사가 모두 올 수 있습니다.

예 Anh ấy vừa lái xe vừa nghe nhạc. (아잉 어이 브어 라이 쌔 브어 응애 냑)
그는 운전하면서 음악을 듣는다.

Bài tập vừa nhiều vừa khó. (바이 떱 브어 니에우 브어 커) 숙제가 많으면서 어렵다.

- nghe nhạc 응애 냑 동 음악을 듣다
- bài tập 바이 떱 명 숙제

베트남어 뼈대잡GO

1 수량을 묻는 표현

mấy는 '몇', bao nhiêu는 '얼마'라는 뜻으로, 수량을 묻는 의문사입니다. 일반적으로 mấy는 10 이하의 적은 수를 나타내고, bao nhiêu는 많은 수 또는 수량이 많은지 적은지 정확하지 않은 경우에도 사용합니다.

수량 묻기	~**mấy** + 명사? / ~**bao nhiêu** + 명사?

지아 딩 반 꺼 머이 응으어이
예 Gia đình bạn có mấy người? 너의 가족은 몇 명이니?

아잉 어이 바오 니에우 뚜오이
Anh ấy bao nhiêu tuổi? 그는 나이가 몇 살이니?

2 시각 표현

시각을 물어볼 때는 수에 관한 의문사 mấy와 '시'의 뜻을 가진 giờ가 결합하여 mấy giờ '몇 시'로 표현합니다. 현재 시각을 물을 때에 'mấy giờ'는 문장 맨 끝에 위치하고, 행위를 하는 시각에 관해 물을 때는 문장의 맨 앞과 맨 뒤 모두에 위치할 수 있습니다. 단, 문장 맨 뒤에 올 경우에는 lúc mấy giờ의 형태로 사용해야 합니다.

현재 시각 묻기	**Bây giờ là mấy giờ?**
행위 시각 묻기	**Mấy giờ** + 주어 + 동사? 주어 + 동사 + **lúc mấy giờ?**

버이 지어 라 머이 지어
예 A: Bây giờ là mấy giờ? 지금 몇 시예요?

버이 지어 라 땀 지어
B: Bây giờ là 8 giờ. 지금은 8시예요.

머이 지어 반 덴
A: Mấy giờ bạn đến? 너는 몇 시에 도착하니?

반 덴 룹 머이 지어
= Bạn đến lúc mấy giờ?

밍 덴 룹 므어이 못 지어
B: Mình đến lúc 11 giờ. 나는 11시에 도착해.

말하기 연습하GO

● 단어를 바꾸어 문장을 연습해 보세요.

 Track 09-06

1 수량 묻기

주어	(동사)	**mấy / bao nhiêu**	명사
반 Bạn 친구	어 ở 있다	머이 **mấy** 몇	응아이 ngày? 일, 날
아잉 Anh 당신(남성)	꺼 có 있다	바오 니에우 **bao nhiêu** 얼마	띠엔 tiền? 돈
찌 Chị 당신(여성)		바오 니에우 **bao nhiêu** 얼마	뚜오이 tuổi? 나이

2 행위 시각 묻기

	주어	동사
머이 지어 **Mấy giờ** 몇 시	아잉 anh 당신(남성)	베 냐 về nhà? 귀가하다
	찌 chị 당신(여성)	뜩 저이 thức dậy? 일어나다
	쌔 부읻 xe buýt 버스	커이 하잉 khởi hành? 출발하다

주어	동사	
아잉 Anh 당신(남성)	람 비엑 làm việc 일하다	룩 머이 지어 **lúc mấy giờ?** 몇 시에
찌 Chị 당신(여성)	덴 đến 도착하다	
핌 Phim 영화	받 더우 bắt đầu 시작하다	

연습문제로 실력 다지GO

듣기

1 녹음을 듣고, 내용에 알맞은 그림이면 O, 일치하지 않으면 X를 하세요.

 Track 09-07

❶

❷

Tên : Xuân
Nghề nghiệp
: ca sĩ
Tuổi : 16

쓰기

2 다음 빈칸에 알맞은 단어를 보기 에서 골라 써 보세요.

보기

mấy giờ **bao nhiêu** **nghe nói**

❶ A Bây giờ là ________ ?

B Bây giờ là 5 giờ kém 10.

❷ A Năm nay anh ấy ________ tuổi vậy?

B ________ năm nay anh ấy 16 tuổi.

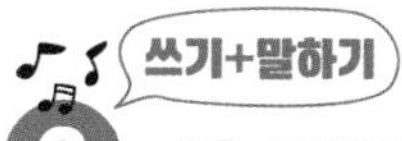

3 다음 문장을 베트남어로 쓰고, 말해보세요.

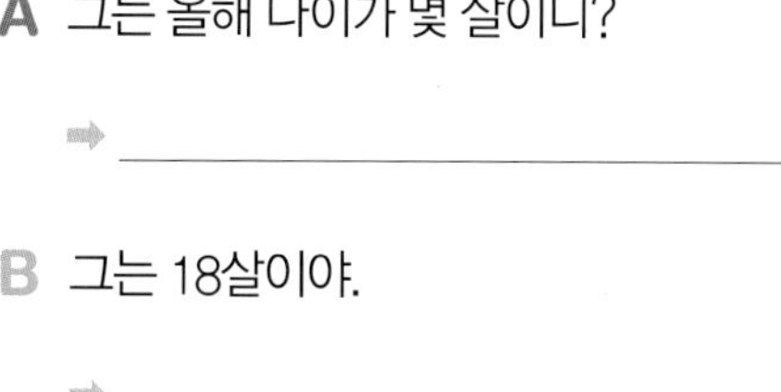

A 그는 올해 나이가 몇 살이니?

➡ ______________________

B 그는 18살이야.

➡ ______________________

4 다음 문장을 읽고 질문에 답하세요.

A Ngày mai chúng ta gặp nhau lúc mấy giờ?

B Chúng ta gặp lúc 11 giờ sáng nhé.

A Muộn quá! Chúng ta gặp lúc 10 giờ rưỡi nhé.

B Ừ.

❶ 두 사람은 오늘 만날 것이다. (O / X)

❷ 두 사람은 10시 반으로 약속 시간을 변경했다. (O / X)

• nhau 냐우 ㊕ 서로, 함께
• sáng 쌍 ㊔ 아침

어휘 확장해보GO

녹음을 듣고, 정확한 발음으로 시각 관련 어휘를 따라 읽어 보세요. Track 09-08

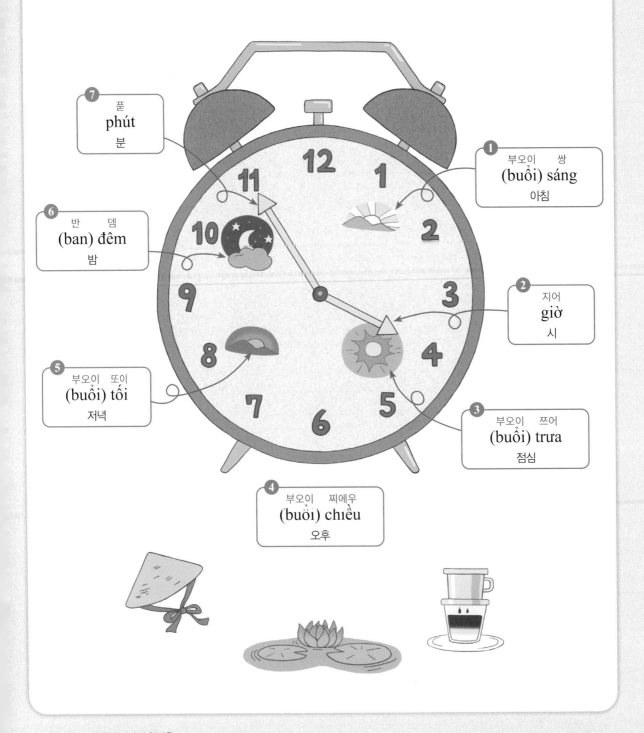

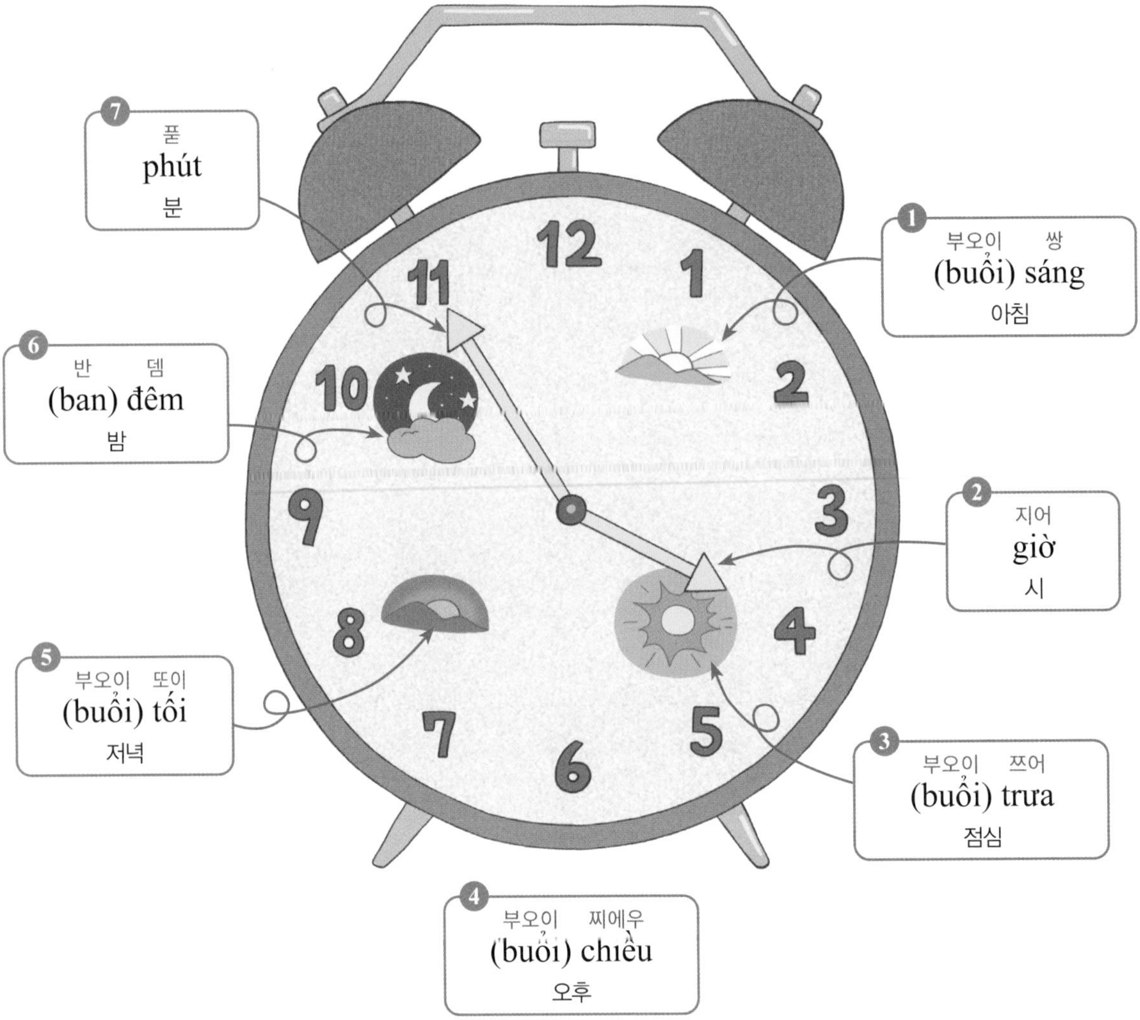

1. 부오이 쌍
(buổi) sáng
아침

2. 지어
giờ
시

3. 부오이 쯔어
(buổi) trưa
점심

4. 부오이 찌에우
(buổi) chiều
오후

5. 부오이 또이
(buổi) tối
저녁

6. 반 뎀
(ban) đêm
밤

7. 풑
phút
분

베트남을 만나보GO!

★ 베트남 사람들의 식탁 ★

베트남 식탁에서는 이렇게 해주세요!

베트남 사람들은 같이 먹는 것을 즐겨서 식사 중에 대화하는 것을 좋아합니다. 베트남 사람들에게 식사 시간에 대화를 하는 것은 필수적입니다. 그 이유는 가족, 형제자매, 친척들의 건강, 일과 일상 생활의 안부를 묻기 위해 모일 수 있는 소중한 시간이라고 생각하기 때문입니다.

베트남의 사람들은 식사를 할 때 숟가락 보다는 젓가락을 많이 사용합니다. 밥을 먹을 때에도 젓가락을 주로 사용하고, 국물을 먹을 때에만 숟가락을 사용합니다.

식사 중에는 젓가락으로 그릇을 두드리거나 다른 물건들이 서로 부딪혀서 소리가 나지 않게 주의해야 합니다. 베트남 사람들은 그 소리를 배고픈 귀신이 듣고 찾아와 괴롭힌다고 믿고, 예의가 없는 일이라고 생각하기 때문입니다.

베트남의 음식들은 보통 한 입에 넣을 수 있는 크기입니다. 식탁에서 칼과 가위를 사용하는 것은 예의에 어긋나는 행동으로 생각하기 때문인데요, 그래서 조리 전 식탁에서 음식을 자르지 않도록 미리 조리하여 식탁에 내놓는 것이 베트남 사람들의 문화입니다.

10 Hôm nay là ngày mấy?

오늘은 며칠이니?

Track 10-01

주요 표현	• 날짜 묻고 답하기 • 계획 묻고 답하기	주요 어법	• 날짜 표현 • 의문사 khi nào/bao giờ

회화로 말문 트GO ①

월리엄이 수지에게 오늘이 며칠인지 묻습니다. Track 10-02

월리엄
홈 나이 라 응아이 머이
Hôm nay là ngày mấy?

수지
홈 나이 라 응아이 므어이 바 탕 바
Hôm nay là ngày 13 tháng 3.

월리엄
오이 하이 응아이 싸우 라 씽 녓 꾸어 매 밍
Ôi, 2 ngày sau là sinh nhật của mẹ mình.

수지
테 아 반 다 무어 꾸아 쩌 매 쯔어
Thế à? Bạn đã mua quà cho mẹ chưa?

월리엄
쯔어 찌에우 나이 밍 쌔 디 무어
Chưa, chiều nay mình sẽ đi mua.
껀 씽 녓 꾸어 반 라 응아이 나오
Còn sinh nhật của bạn là ngày nào?

수지
씽 녓 꾸어 밍 라 응아이 꾸오이 탕 나이
Sinh nhật của mình là ngày cuối tháng này.

Tip!

- cuối + 날짜 단위 : ~말
  - 예 cuối tuần [꾸오이 뚜언] : 주말
  - cuối năm [꾸오이 남] : 연말
- đầu + 날짜 단위 : ~초
  - 예 đầu tuần [더우 뚜언] : 주초
  - đầu tháng [더우 탕] : 월초

새 단어 Track 10-03

- ngày 응아이 명 일, 날
- tháng 탕 명 월, 달
- sau 싸우 부 나중에, 후에
- sinh nhật 씽 녓 명 생일
- mẹ 매 명 어머니
- quà 꾸아 명 선물
- cho 쩌 전 ~에게, ~을(를) 위하여
- chiều nay 찌에우 나이 명 오늘 오후
- cuối 꾸오이 명 끝

해석

월리엄　오늘은 며칠이니?

수지　오늘은 3월 13일이야.

월리엄　오, 2일 뒤에 우리 엄마 생신이시네.

수지　그래? 너 선물은 샀어?

월리엄　아직. 오늘 오후에 사러 갈 거야.
그런데 너는 생일이 언제야?

수지　내 생일은 이번 달 말이야.

꿀팁 챙기GO!

cho + 대상(명사/대명사)

cho가 전치사로 쓰이면, 명사 또는 대명사와 결합하여 '~에게', '~을(를) 위하여'라는 뜻을 나타냅니다.

예 또이 무어 꾸아 쩌 보 매
Tôi mua quà cho bố mẹ.　나는 부모님께 선물을 사드린다.
또이 자이 띠엥 비엗 쩌 반
Tôi dạy tiếng Việt cho bạn.　나는 친구에게 베트남어를 가르쳐 준다.

회화로 말문 트GO ②

월리엄과 링 선생님이 설날 귀국에 관해 이야기합니다. Track 10-04

월리엄

쌉 덴 뗀 조이 키 나오 꼬 쌔 베 꾸에 아
Sắp đến Tết rồi. Khi nào cô sẽ về quê ạ?

링 선생님

쭈 녇 나이 꼬 쌔 베
Chủ nhật này cô sẽ về.

껀 뗀 나이 앰 꺼 디 미 콤
Còn Tết này, em có đi Mỹ không?

월리엄

꺼 래 콤 아 앰 쯔어 닫 배 마이 바이
Có lẽ không ạ. Em chưa đặt vé máy bay.

링 선생님

네우 쯔어 닫 티 띰 배 커 람
Nếu chưa đặt thì tìm vé khó lắm.

월리엄

벙 앰 비엔 조이 아
Vâng, em biết rồi ạ.

Tip!

về quê는 고향은 있던 곳으로 가는 것이기 때문에 항상 동사 về [베]를 사용해요.

Tip!

국제공항이 있는 베트남의 도시

- Hà Nội [하 노이] 하노이
- Nha Trang [냐 짱] 나트랑
- Đà Nẵng [다 낭] 다낭
- Hồ Chí Minh [호 찌 밍] 호찌민

새 단어 Track 10-05

- sắp~rồi 쌉 조이 접 곧 ~할 것이다
- Tết 뗀 고유 설날
- khi nào 키 나오 의 언제
- về 베 동 돌아가다
- quê 꾸에 명 고향
- có lẽ 꺼 래 부 아마도, 아마
- đặt 닫 동 예약하다
- vé 배 명 표, 티켓
- máy bay 마이 바이 명 비행기
- nếu~thì 네우 티 접 만약 ~하면
- tìm 띰 동 찾다

해석

윌리엄	곧 설날이네요. 선생님은 고향에 언제 가세요?
링 선생님	이번 주 일요일에 갈 예정이야. 이번 설에 너는 미국에 가니?
윌리엄	아마도 안 갈 것 같아요. 저는 아직 비행기 표 예매를 안 했어요.
링 선생님	만약 아직 예약하지 않았다면, 표 구하는 게 어려울 거야.
윌리엄	네, 알고 있어요.

꿀팁 챙기GO!

비행 관련 어휘

공항	지연되다	이륙하다	착륙하다
썬 바이 sân bay	비 호안 bị hoãn	껏 까잉 cất cánh	하 까잉 hạ cánh

베트남어 뼈대잡GO

1 날짜 표현

베트남의 날짜 표현은 우리나라와는 반대로 '요일(thứ)', '일(ngày)', '월(tháng)', '년(năm)'의 순서로 씁니다. 1일부터 10일 앞에는 '초순'이라는 뜻을 가진 mồng이나 mùng을 함께 쓰기도 합니다. 또한 행위에 대한 날짜를 물어볼 때는 날짜 단위 앞에 '~에'라는 뜻을 가진 전치사 vào를 붙여서 사용합니다.

주어 + là + 날짜 단위 + mấy?
주어 + 동사 + vào + 날짜 단위 + mấy?

홈 나이 라 응아이 머이
예 A: Hôm nay là ngày mấy? 오늘은 며칠이에요?
홈 나이 라 응아이 (몽) 몯 탕 하이
B: Hôm nay là ngày (mồng) 1 tháng 2. 오늘은 2월 1일이에요.

찌 응이 바오 트 머이
A: Chị nghỉ vào thứ mấy? 당신(여성)은 무슨 요일에 쉬나요?
찌 응이 바오 트 바이
B: Chị nghỉ vào thứ bảy. 저는 토요일에 쉬어요.

새 단어
- vào 바오 전 (시간 개념)에
- thứ bảy 트 바이 명 토요일

2 의문사 khi nào/bao giờ

의문사 khi nào와 bao giờ는 '언제'라는 뜻으로, 위치에 따라 시제가 달라집니다. 문장 앞에 위치할 때에는 미래를, 문장 뒤에 위치할 때에는 과거를 나타냅니다.

미래	**Khi nào / Bao giờ + 주어 + 동사(구)? 언제 ~은(는) ~할 것입니까?**
과거	**주어 + 동사(구) + khi nào / bao giờ? ~은(는) 언제 ~했나요?**

키 나오 바오 지어 아잉 디 꼼 딱
예 A: Khi nào / bao giờ anh đi công tác? 당신(남성)은 언제 출장 갈 거예요? [미래]
응아이 마이 아잉 쌔 디
B: Ngày mai anh (sẽ) đi. 내일 갈 거예요.

아잉 덴 비엔 남 키 나오 바오 지어
A: Anh đến Việt Nam khi nào / bao giờ? 당신(남성)은 언제 베트남에 왔나요? [과거]
탕 싸우아잉 다 덴
B: Tháng 6 anh (đã) đến. 6월에 왔어요.

말하기 연습하GO

● 단어를 바꾸어 문장을 연습해 보세요. Track 10-06

1 날짜 묻기

주어		날짜 단위 + mấy?
씽 녇 꾸어 아잉 Sinh nhật của anh 당신(남성) 생일	라 **là** ~이다	탕 머이 tháng mấy? 몇 월
뗃 비엗 남 Tết Việt Nam 베트남 설		응아이 머이 ngày mấy? 며칠

주어	동사	vào + 날짜 단위 + mấy?
찌 Chị 당신(여성)	디 꼼 딱 đi công tác 출장 가다	바오 탕 머이 vào tháng mấy? 몇 월에
쭘 따 Chúng ta 우리	갑 gặp 만나다	바오 응아이 머이 vào ngày mấy? 며칠에

2 의문사 khi nào / bao giờ

	주어	동사(구)
키 나오 **Khi nào** 바오 지어 **Bao giờ** 언제 ~할 거예요?	찌 chị 당신(여성)	디 하 노이 đi Hà Nội? 하노이에 가다
	아잉 anh 당신(남성)	헙 띠엥 비엗 học tiếng Việt? 베트남어를 공부하다

주어	동사(구)	
찌 Chị 당신(여성)	덴 쯔엉 đến trường 학교에 도착하다	키 나오 **khi nào?** 바오 지어 **bao giờ?** 언제
아잉 Anh 당신(남성)	똗 응이엡 tốt nghiệp 졸업하다	

연습문제로 실력 다지GO

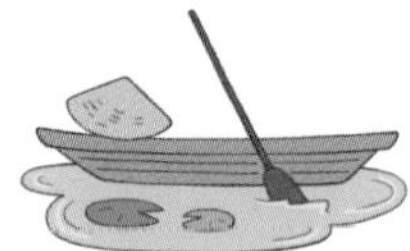

듣기

1 녹음을 듣고, 내용에 알맞은 그림이면 O, 일치하지 않으면 X를 하세요.

 Track 10-07

❶

❷

쓰기

2 다음 빈칸에 알맞은 단어를 보기 에서 골라 써 보세요.

보기

về **khi nào** **mấy**

❶ **A** Hôm nay là ngày _________ ?

B Hôm nay là ngày 13 tháng 3.

❷ **A** _________ cô sẽ _________ quê ạ?

B Chủ nhật này cô sẽ về.

3 다음 문장을 베트남어로 쓰고, 말해보세요.

A 우리 언제 만날까요?

➡ ______________________________

B 이번 주 토요일에 만나요.

➡ ______________________________

읽기

4 다음 문장을 읽고 질문에 답하세요.

FEBRUARY 2018

SUN	MON	TUE	WED	THU	FRI	SAT
				1	2	3
4	5	6	7	8	9	10
11	12	13	14	15	16	17
18	19	20	21	22	23	24
25	26	27	28			

Hôm nay là ngày 15 tháng 2 và là sinh nhật của tôi.
Còn ngày mai là sinh nhật của mẹ tôi.
Tôi sẽ mua quà cho mẹ.

❶ 오늘은 무슨 날인가요?

➡ ______________________________

❷ 엄마의 생신은 며칠인가요?

➡ ______________________________

어휘 확장해보GO

녹음을 듣고, 정확한 발음으로 날짜 관련 어휘를 따라 읽어 보세요. Track 10-08

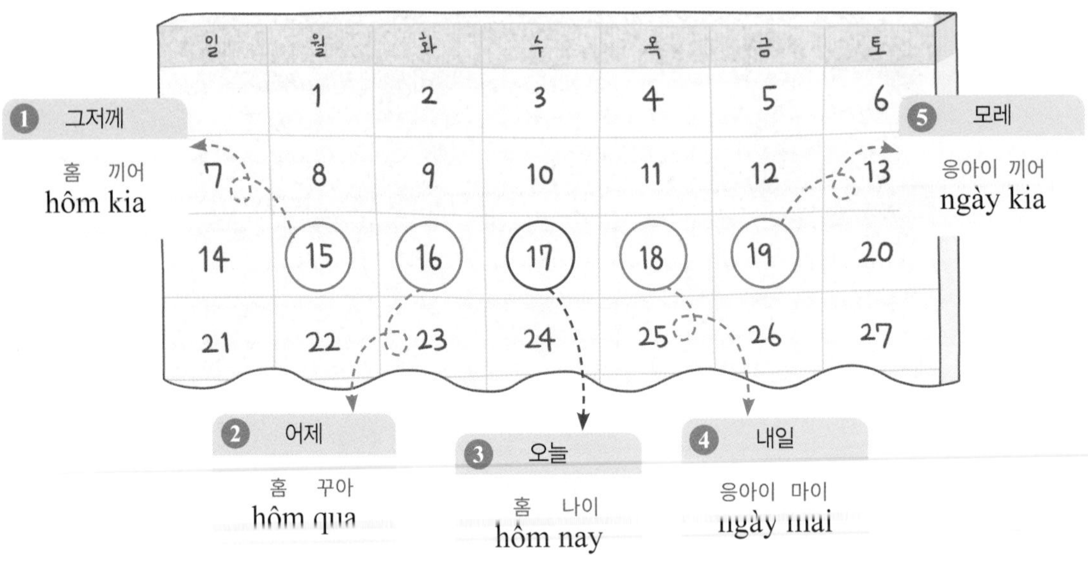

❶ 그저께
홈 끼어
hôm kia

❷ 어제
홈 꾸아
hôm qua

❸ 오늘
홈 나이
hôm nay

❹ 내일
응아이 마이
ngày mai

❺ 모레
응아이 끼어
ngày kia

❻

작년	올해	내년
남 쯔억 năm trước	남 나이 năm nay	남 싸우 năm sau
지난 달	**이번 달**	**다음 달**
탕 쯔억 tháng trước	탕 나이 tháng này	탕 싸우 tháng sau

❼

1월	2월	3월	4월	5월	6월
탕 몯 tháng một	탕 하이 tháng hai	탕 바 tháng ba	탕 뜨 tháng tư	탕 남 tháng năm	탕 싸우 tháng sáu
7월	**8월**	**9월**	**10월**	**11월**	**12월**
탕 바이 tháng bảy	탕 땀 tháng tám	탕 찐 tháng chín	탕 므어이 tháng mười	탕 므어이 몯 tháng mười một	탕 므어이 하이 tháng mười hai

베트남을 만나보GO!

★ 베트남어와 한자 ★

60% 이상이 한자어로 구성된 베트남어

베트남어를 공부하시는 분들이라면 신기한 발견을 하셨을 것 같습니다. 바로 베트남어의 60% 정도가 한자 베트남어로 이루어졌다는 사실입니다.

베트남은 중국의 영향으로 한자음이 발달되어 있는 언어입니다. 그래서 베트남어의 글자는 로마자로 표기하고 있지만 한자음과 상당히 비슷한 부분이 많이 있습니다.

예를 들어 드릴게요!

위 단어들을 보시면 발음이 상당히 비슷한 것을 아셨을 텐데요. 물론 베트남어는 성조가 있어서 성조에 따라 그 뜻이 달라지지만 음은 같기 때문에 처음 보는 단어일지라도 음으로 유추할 수가 있습니다.

베트남어 공부 어렵게만 생각했는데, 이렇게 보니 베트남어 공부가 조금은 쉽게 느껴지지는 않으신가요?

11 Thành phố Hồ Chí Minh rất nóng. 호찌민시의 날씨는 매우 더워요.

주요 표현

- 날씨 묻고 답하기
- 베트남어 공부에 관해 묻기

- 의문사 thế nào
- 의문사 bao lâu

회화로 말문 트GO ①

준우와 타오가 날씨에 관해 이야기합니다. Track 11-02

타오

삽 덴 무어 돔 조이
Sắp đến mùa đông rồi.

바오 무어 돔 하 노이 라잉 람 아
Vào mùa đông, Hà Nội lạnh lắm ạ.

준우

껀 어 타잉 포 호 찌 밍 쩌이 테 나오 앰
Còn ở thành phố Hồ Chí Minh trời thế nào em?

타오

비 라 무어 코 넨 터이 띠엔 타잉 포 호 찌 밍
Vì là mùa khô nên thời tiết thành phố Hồ Chí Minh

전 넘 아
rất nóng ạ.

준우

라 니 터이 띠엔 미엔 박 바 미엔 남 칵 냐우 하
Lạ nhỉ! Thời tiết miền Bắc và miền Nam khác nhau hả?

타오

칵 냐우 쯔 아
Khác nhau chứ ạ!

새 단어 Track 11-03

- mùa đông 무어 돔 명 겨울
- vào 바오 전 (시간 개념)에
- Hà Nội 하 노이 고유 하노이
- lạnh 라잉 형 추운
- thành phố 타잉 포 명 도시
- Hồ Chí Minh 호 찌 밍 고유 호찌민
- trời 쩌이 명 날씨(비인칭 주어)
- thế nào 테 나오 의 어떻게, 어떠한
- vì~nên 비 넨 접 ~하기 때문에 그래서 ~하다
- mùa khô 무어 코 명 건기
- thời tiết 터이 띠엔 명 날씨
- nóng 넘 형 더운, 뜨거운
- lạ 라 형 낯선
- nhỉ 니 부 문장 끝에 붙여 강조하는 말
- miền 미엔 명 지역
- Bắc 박 명 북(北), 북쪽
- Nam 남 명 남(南), 남쪽
- khác 칵 형 다른
- nhau 냐우 부 서로, 함께
- chứ 쯔 부 (당연히/확실히) ~하지(확신을 나타냄)

해석

타오	곧 겨울이에요.
	하노이의 겨울은 정말 추워요.
준우	그런데 호찌민의 날씨는 어때요?
타오	건기라서 호찌민의 날씨는 매우 더워요.
준우	낯설군요! 북쪽과 남쪽의 날씨가 서로 다른가요?
타오	당연히 다르죠!

꿀팁 챙기GO!

chứ

chứ는 '(당연히/확실히) ~하지'라는 뜻으로, 문장 끝에서 확신을 가지고 상대에게 질문하거나 대답할 때 사용합니다.

예 A: Bạn biết chứ? (반 비엔 쯔) (당연히) 알지?
B: Mình biết chứ! (밍 비엔 쯔) (당연히) 알지!

회화로 말문 트GO ②

링 선생님이 수지에게 베트남어를 얼마 동안 공부했는지 묻습니다. Track 11-04

링 선생님

앰 헙 띠엥 비엗 바오 러우 조이
Em học tiếng Việt bao lâu rồi?

수지

벙 앰 헙 띠엥 비엗 건 하이 남 조이
Vâng, em học tiếng Việt gần 2 năm rồi.

링 선생님

앰 너이 띠엥 비엗 지옴 니으 응으어이 반 쓰
Em nói tiếng Việt giống như người bản xứ.

앰 헙 띠엥 비엗 니으 테 나오 버이
Em học tiếng Việt như thế nào vậy?

수지

벙 앰 하이 갑 반 비엗 남 바
Vâng, em hay gặp bạn Việt Nam và

쌤 핌 비엗 남
xem phim Việt Nam.

링 선생님

앰 헙 짬 찌 람
Em học chăm chỉ lắm!

Tip!

취미 표현

- câu cá [꺼우 까] 낚시하다
- leo núi [래오 누이] 등산하다
- lên mạng [렌 망] 인터넷 서핑하다
- đi dạo [디 자오] 산책하다

새 단어 Track 11-05

- bao lâu 바오 러우 의 얼마나 오래
- như 니으 전 ~처럼, ~같게
- hay 하이 부 자주
- giống 지옴 형 닮은, 유사한
- người bản xứ 응으어이 반 쓰 명 현지인
- chăm chỉ 짬 찌 형 열심히 하는

해석

링 선생님	너는 베트남어를 공부한 지 얼마나 됐니?
수지	네, 저는 베트남어를 공부한 지 2년 가까이 됐어요.
링 선생님	베트남어를 원어민처럼 말하는구나. 베트남어를 어떻게 공부했니?
수지	네, 저는 자주 베트남 친구들을 만나고 베트남 영화를 봐요.
링 선생님	정말 열심히 하는구나!

꿀팁 챙기GO!

주어 + hay + 동사(구) / 형용사 ~는 자주 ~해요.

hay는 빈도 부사로 '자주'의 뜻을 가지며 동사나 형용사 앞에 위치합니다.

예
또이 하이 디 꼼 딱
Tôi hay đi công tác. 나는 자주 출장을 가요.

또이 하이 디 자 응오아이
Tôi hay đi dã ngoại. 나는 자주 나들이를 하러 가요.

베트남어 뼈대잡GO

1 의문사 thế nào

의문사 thế nào는 '어떻게, 어떠한'의 뜻으로, 문장 끝에 위치합니다. 일반적으로 문장에서 주어와 결합하면 상태를 나타내는 표현이고, 동사와 결합하면 방법을 묻는 표현으로 쓰입니다.

주어 + thế nào? ~은(는) 어떠합니까? [상태]
주어 + 동사(구) + thế nào? ~은(는) 어떻게 ~합니까? [방법]

예 A: Hôm nay trời thế nào? (홈 나이 쩌이 테 나오) 오늘 날씨 어때요? [상태]
B: Hôm nay lạnh quá. (홈 나이 라잉 꾸아) 오늘은 너무 추워요.

A: Bạn đi Hà Nội thế nào? (반 디 하 노이 테 나오) 너는 하노이에 어떻게 가니? [방법]
B: Mình đi bằng máy bay. (밍 디 방 마이 바이) 나는 비행기로 가.

새 단어 • bằng 방 전 ~로

2 의문사 bao lâu

의문사 bao lâu는 '얼마나, 얼마 동안'이라는 뜻으로, 주어와 동사가 결합하여 소요되는 시간 및 기간을 묻습니다. 함께 결합하는 부사나 전치사에 따라 다양하게 활용할 수 있으며, 일반적으로 과거부터 현재 시점까지를 물어볼 때는 rồi를, 현재부터 미래시점까지를 물어볼 때는 nữa를 함께 씁니다.

주어 + 동사(구) + bao lâu? ~은(는) 얼마나 / 얼마 동안 ~합니까?

예 A: Em đến Việt Nam bao lâu rồi? (앰 덴 비엔 남 바오 러우 조이) 베트남에 온 지 얼마나 됐나요?
B: Em đến Việt Nam gần 3 năm rồi. (앰 덴 비엔 남 건 바 남 조이) 저는 베트남에 온 지 3년 가까이 됐어요.

A: Anh sẽ ở đây bao lâu nữa? (아잉 쌔 어 더이 바오 러우 느어) 당신(남성)은 여기에서 얼마나 더 머물 건가요?
B: Anh sẽ ở đây 1 ngày nữa. (아잉 쌔 어 더이 몯 응아이 느어) 저는 하루 더 머물 거예요.

새 단어 • nữa 느어 부 더

말하기 연습하GO

● 단어를 바꾸어 문장을 연습해 보세요.

Track 11-06

1 의문사 thế nào

주어		테 나오 **thế nào?** 어떠합니까? 어떻게 합니까?
먼 안 비엣 남 Món ăn Việt Nam 베트남 음식		
싸익 나이 Sách này 이 책		
주어	동사(구)	
찌 Chị 당신(여성)	너우 까잉 nấu canh 국을 요리하다	
아잉 Anh 당신(남성)	응이 nghĩ 생각하다	

2 의문사 bao lâu

주어	동사(구)	바오 러우 **bao lâu** 얼마나	
아잉 Anh 당신(남성)	덥 싸익 đọc sách 책을 읽다		
찌 Chị 당신(여성)	디 꼼 딱 đi công tác 출장 가다		조이 rồi? 됐나요
반 Bạn 친구	람 비엑 làm việc 일하다		느어 nữa? 더

연습문제로 실력 다지GO

듣기

1 녹음을 듣고, 내용에 알맞은 그림이면 O, 일치하지 않으면 X를 하세요.

 Track 11-07

❶

❷

쓰기

2 다음 빈칸에 알맞은 단어를 보기 에서 골라 써 보세요.

보기

gần	**bao lâu**	**thời tiết**	**chứ**

❶ **A** ________ miền Bắc và miền Nam khác nhau hả?

B Khác nhau ________ ạ!

❷ **A** Em học tiếng Việt ________ rồi?

B Vâng, em học tiếng Việt ________ 2 năm rồi.

쓰기+말하기

3 다음 문장을 베트남어로 쓰고, 말해보세요.

A 당신(여성)은 베트남어를 공부한 지 얼마나 됐나요?

➡ ______________________

B 저는 베트남어를 공부한 지 2년 가까이 되었어요.

➡ ______________________

읽기

4 다음 문장을 읽고 질문에 답하세요.

A Nghe nói bạn đi thành phố Hồ Chí Minh. Bạn đi thế nào?

B Mình sẽ đi bằng máy bay.

A Dạo này thời tiết thành phố Hồ Chí Minh thế nào?

B Trời đẹp lắm.

1. B는 호찌민시에 무엇을 타고 가나요?

   ➡ ______________________

2. 현재 호찌민시의 날씨는 어떠한가요?

   ➡ ______________________

어휘 확장해보GO

녹음을 듣고, 정확한 발음으로 날씨 및 계절 관련 어휘를 따라 읽어 보세요. Track 11-08

1 미엔 박
miền Bắc 북부지역

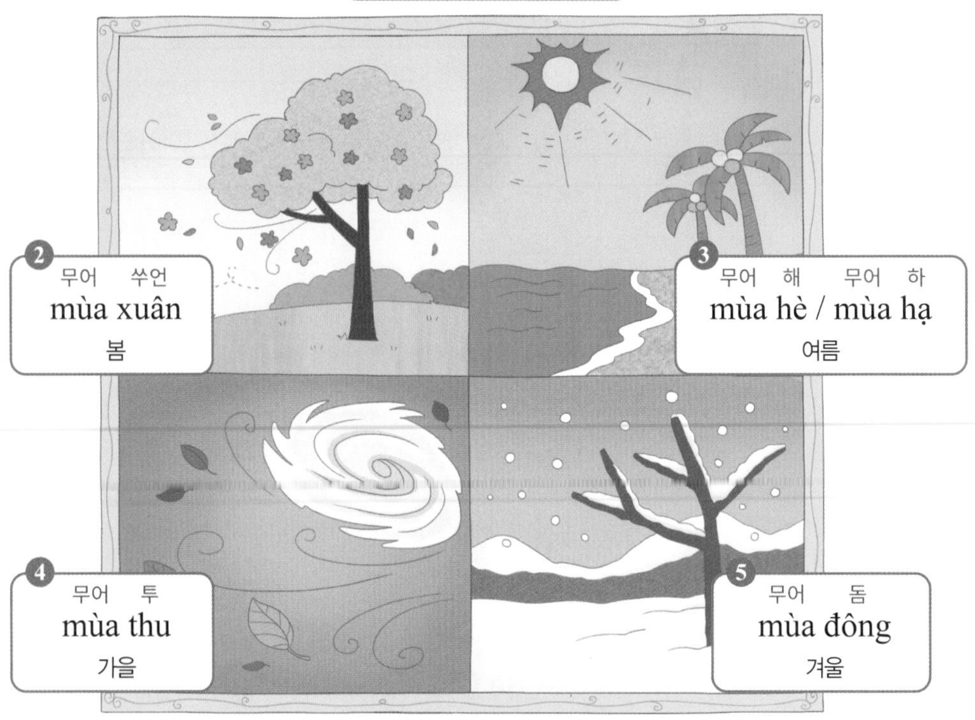

2 무어 쑤언
mùa xuân
봄

3 무어 해 무어 하
mùa hè / mùa hạ
여름

4 무어 투
mùa thu
가을

5 무어 돔
mùa đông
겨울

6 미엔 남
miền Nam 남부지역

7

무어 므어
mùa mưa
우기

8

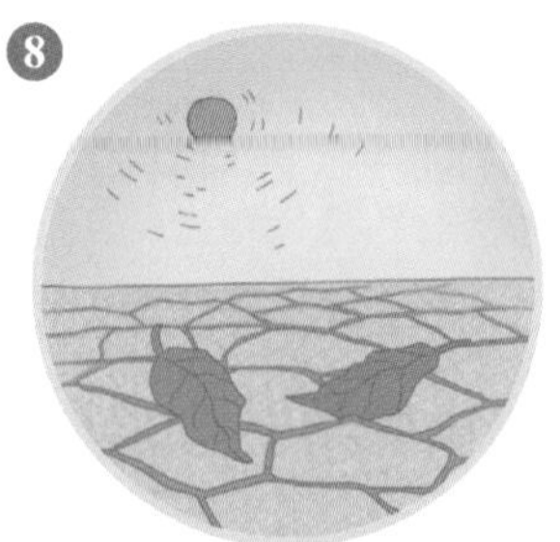

무어 코 무어 낭
mùa khô / mùa nắng
건기

베트남을 만나보GO!

★ 베트남의 북부와 남부 ★

같은 단어도 지역에 따라 뜻이 달라요!

한국인이 베트남에서 가장 많이 방문하는 두 도시는 바로 북부의 하노이와 남부의 호찌민시입니다. 이 두 지역은 멀리 떨어져있는 만큼이나 문화도, 사람들의 성향도 다른 점이 많습니다. 언어는 북부 지역의 언어를 기준으로 정하여 사용하고 있습니다.

베트남어의 북부 지역 발음과 남부 지역 발음은 성조에서부터 차이가 있습니다. 베트남어의 성조는 본래 성조가 6개이지만 남부 지역의 경우 'dấu hỏi(저우 허이)'와 'dấu ngã(저우 응아)'의 성조를 구별 없이 모두 'dấu hỏi'로 소리를 냅니다. 뜻의 구별이 어려울 것 같지만, 남부 지역 사람들은 상황과 문맥에 따라 이해하기 때문에 의사소통에는 큰 문제가 없습니다.

남부 지역 발음은 북부 지역 발음에 비해 약간 흘려 발음하는 경우가 많습니다. 예를 들어 단자음 'd'와 'r', 복자음 'gi'의 경우 북부 지역 발음에 따르면 'ㅈ'소리가 나지만, 남부에서는 'ㅇ'소리로 발음합니다. 자음 'v'의 경우도, 북부 지역 발음은 'ㅂ' 소리이지만, 일부 남부 지역에서는 'ㅇ'소리 발음하기도 합니다. 이외에 받침으로 오는 'nh'의 경우 북부 지역 발음은 'ㅇ'으로 남부 지역 발음은 그냥 'ㄴ'으로 발음되어 오빠나 형이라는 뜻을 가진 'anh'이라는 단어를 북부 지역에서는 '아잉'으로, 남부 지역에서는 '안'으로 발음합니다.

어휘의 쓰임도 큰 차이가 있는데, 한 예로 'ốm(옴)'이라는 단어는 북부 지역에서는 '아픈'이라는 뜻으로, 남부 지역에서는 '마른'이라는 뜻으로 쓰입니다. 남부 지역에서 'ly(리)'는 잔을 뜻하지만, 북부 지역에서는 작은 잔을 뜻하고, 잔은 'cốc(꼽)'이라는 단어를 사용합니다.

12 Em có thể đi bộ được không?

제가 걸어서 갈 수 있을까요?

주요 표현

- 길 묻고 답하기
- 가능 여부 묻고 답하기

주요 어법

- 사역 동사 cho
- 가능과 불가능의 표현

회화로 말문 트GO ①

수지가 행인에게 길을 묻습니다. Track 12-02

수지

씬 로이 쩌 앰 허이 몯 쭛
Xin lỗi, cho em hỏi một chút.

쭝 떰 응오아이 응으 아베쎄 디 테 나오 아
Trung tâm ngoại ngữ ABC đi thế nào ạ?

행인

앰 디 탕 몯 쭛 덴 응아 뜨 트 하이 티 재 파이
Em đi thẳng một chút, đến ngã tư thứ 2 thì rẽ phải.

수지

뜨 더이 덴 더 꺼 싸 콤 아
Từ đây đến đó có xa không ạ?

앰 꺼 테 디 보 드억 콤 아
Em có thể đi bộ được không ạ?

행인

콤 싸 앰 꺼 테 디 보 드억
Không xa. Em có thể đi bộ được.

디 보 찌 먿 코앙 므어이 풉 토이
Đi bộ chỉ mất khoảng 10 phút thôi.

새 단어 Track 12-03

- cho 쩌 동 ~하도록 하다(사역 동사)
- hỏi 허이 동 묻다
- một chút 몯 쭛 명 잠깐, 조금
- trung tâm 쭝 떰 명 센터, 중심, 시내
- đi thẳng 디 탕 동 직진하다
- ngã tư 응아 뜨 명 사거리
- thứ 트 명 ~번째
- thì 티 접 ~하면
- rẽ 재 동 돌다, 꺾다
- phải 파이 형 오른쪽의
- từ~đến 뜨 덴 ~부터 ~까지
- xa 싸 형 (거리가) 먼
- có thể 꺼 테 조동 ~할 수 있다
- đi bộ 디 보 동 걸어가다
- được không 드억 콤 ~할 수 있나요?, 가능한가요?
- được 드억 동 ~할 수 있다, 가능하다
- chỉ~thôi 찌 토이 부 단지 ~인
- mất 먿 동 (시간이) 걸리다
- khoảng 코앙 부 대략, 약

해석

수지　실례지만, 좀 여쭤볼게요.
ABC 외국어 센터는 어떻게 가나요?

행인　조금 직진하셔서 두 번째 사거리에서 오른쪽으로 가세요.

수지　여기에서 거기까지는 먼가요? 걸어갈 수 있을까요?

행인　멀지 않아요. 걸어서 갈 수 있어요.
걸어서 단지 10분 정도밖에 안 걸려요.

꿀팁 챙기GO!

• cốc 꼽 명 잔

○ chỉ~thôi 단지 ~인, 오직 ~인

chỉ~thôi는 유일함을 나타내는 표현으로, 한정하는 단어 앞에 chỉ를, 한정하는 단어 뒤에 thôi를 씁니다. chỉ와 thôi는 따로 쓰기도 하고 함께 사용하기도 합니다.

예 Hôm nay tôi chỉ uống 1 cốc cà phê.　오늘 저는 오직 커피 한 잔을 마셨어요.
(홈 나이 또이 찌 우옹 몯 꼽 까 페)

Hôm nay tôi uống 1 cốc cà phê thôi.　오늘 저는 오직 커피 한 잔을 마셨어요.
(홈 나이 또이 우옹 몯 꼽 까 페 토이)

Hôm nay tôi chỉ uống 1 cốc cà phê thôi.　오늘 저는 오직 커피 한 잔을 마셨어요.
(홈 나이 또이 찌 우옹 몯 꼽 까 페 토이)

회화로 말문 트GO ❷

헨리가 수지에게 사전을 빌리려고 합니다. Track 12-04

헨리

반 꺼 뜨 디엔 비엗 비엗 콤
Bạn có từ điển Việt-Việt không?

수지

꺼 반 껀 므언 콤
Có, bạn cần mượn không?

헨리

꺼 밍 콤 테 람 바이 떱 비 콤 꺼 뜨 디엔
Có, mình không thể làm bài tập vì không có từ điển.

반 쩌 밍 므언 드억 콤
Bạn cho mình mượn được không?

수지

드억 쯔 바이 떱 커 꾸아
Được chứ. Bài tập khó quá.

네우 껀 지읍 티 반 허이 밍 녜
Nếu cần giúp thì bạn hỏi mình nhé.

헨리

으 밍 깜 언 반 니에우
Ừ, mình cảm ơn bạn nhiều.

새 단어 Track 12-05

- từ điển 뜨 디엔 명 사전
- Việt-Việt 비엗 비엗 베(베트남어)–베(베트남어)
- cần 껀 동 필요하다
- mượn 므언 동 빌리다
- không thể 콤 테 ~할 수 없다
- bài tập 바이 떱 명 숙제
- vì 비 접 ~이기 때문에
- giúp 지읍 동 돕다

해석

헨리	너는 베(베트남어)-베(베트남어) 사전을 가지고 있니?
수지	응, 빌려야 하니?
헨리	응, 사전이 없어서 숙제를 할 수가 없어. 나 빌려줄 수 있어?
수지	응, 당연하지. 숙제가 정말 어렵더라. 만약에 도움이 필요하면 나한테 물어봐.
헨리	응, 정말 고마워.

꿀팁 챙기GO!

동사 cần

cần은 일반 동사로 '필요하다'는 뜻을 가지며, 조동사로서 동사 앞에 사용하여 '~할 필요가 있다'의 뜻으로, 의무나 충고의 표현을 나타내기도 합니다.

예 Tôi cần từ điển. (또이 껀 뜨 디엔) 저는 사전이 필요해요. [일반 동사]

Tôi cần đi mua từ điển. (또이 껀 디 무어 뜨 디엔) 저는 사전을 사러 갈 필요가 있어요. [조동사]

베트남어 뼈대잡GO

1 사역 동사 cho

사역 동사 cho는 [cho + 대상 + 동사(구)] 형태로 '~이(가) ~하도록 하다'라는 뜻을 나타냅니다. 일반 동사로는 '주다', 전치사로는 '~을 위한, ~에게'의 뜻을 가집니다.

cho + 대상 + 동사(구) ~이(가) ~하도록 하다

쩌 또이 허이 몯 쭏
예 Cho tôi hỏi một chút. 제가 잠시 물어볼 수 있도록 해주세요. (제가 질문할게요)

또이 쩌 찌 비엗
Tôi cho chị biết. 제가 당신(여성)이 알 수 있도록 해줄게요. (제가 알려 드릴게요)

2 가능과 불가능의 표현

가능성에 대한 질문은 문장 끝에 ~được không?을 사용하며 이에 대한 긍정 대답은 được, 부정 대답은 không 또는 không được으로 표현합니다. 가능성을 표현할 때에는 có thể와 được을 단독으로 사용할 수도 있고 함께 사용할 수도 있습니다. 불가능을 표현할 때에는 không thể를 단독으로 사용할 수도 있고 được과 함께 사용할 수도 있습니다.

~ **được không?** ~할 수 있습니까? / 가능합니까?	
[가능] **Được** ~할 수 있다	[불가능] **Không / Không được** ~할 수 없다
주어 + có thể + 동사 + được = 주어 + có thể + 동사 = 주어 + 동사 + được	주어 + không thể + 동사 + được = 주어 + không thể + 동사

반 너이 띠엥 비엗 드억 콤
예 A: Bạn nói tiếng Việt được không? 너는 베트남어를 말할 수 있니?

드억 밍 꺼 테 너이 띠엥 비엗 드억
B: [가능] Được. Mình có thể nói tiếng Việt được. 응, 나는 베트남어를 말할 수 있어.

콤 드억 밍 콤 테 너이 띠엥 비엗 드억
[불가능] Không được. Mình không thể nói tiếng Việt được.
아니, 나는 베트남어를 말할 수 없어.

말하기 연습하GO

● 단어를 바꾸어 문장을 연습해 보세요.

Track 12-06

1 사역 동사 cho

	대상	동사(구)
찌 **Cho** ~하도록 하다	또이 tôi 나	짜 펌 trả phòng 체크아웃하다
		쌤 특 던 xem thực đơn 메뉴를 보다
		띵 띠엔 tính tiền 계산하다

2 가능과 불가능 표현

주어		동사(구)	
또이 Tôi 나	꺼 테 **có thể**	라이 쌔 마이 lái xe máy 오토바이 운전하다	드억 **được**
		안 자우 텀 ăn rau thơm 향채(고수)를 먹다	

주어		동사	
또이 Tôi 나	콤 테 **không thể**	디 보 đi bộ 걷다	드억 **được**
		떱 쭘 tập trung 집중하다	

연습문제로 실력 다지GO

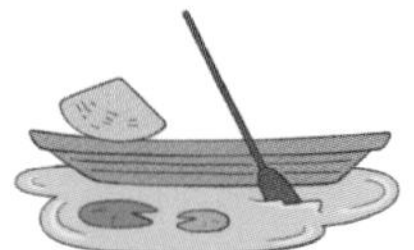

듣기

1 녹음을 듣고, 내용에 알맞은 그림이면 O, 일치하지 않으면 X를 하세요. Track 12-07

❶

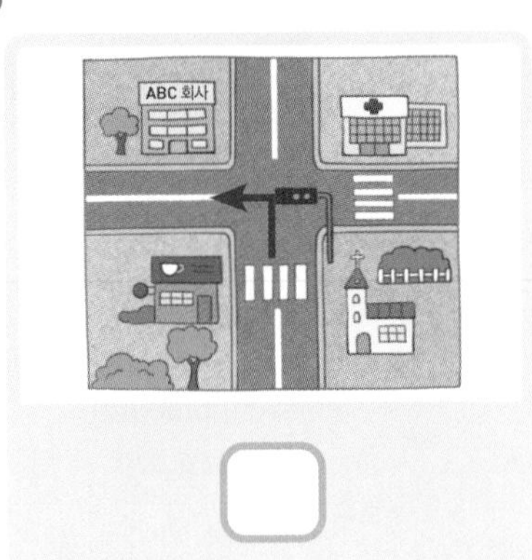

❷

쓰기

2 다음 빈칸에 알맞은 단어를 보기 에서 골라 써 보세요.

보기

đến **nhiều** **cần** **từ**

❶ A ________ đây ________ đó có xa không ạ?

B Đi bộ chỉ mất khoảng 10 phút thôi.

❷ A Nếu ________ giúp thì bạn hỏi mình nhé.

B Ừ, mình cảm ơn bạn ________ .

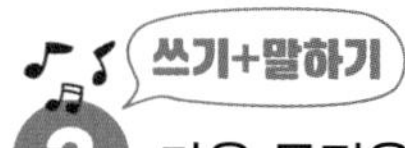

3 다음 문장을 베트남어로 쓰고, 말해보세요.

A 너는 베트남어를 말할 수 있니?

➡ ______________________

B 응, 나는 베트남어를 말할 수 있어.

➡ ______________________

4 다음 문장을 읽고 질문에 답하세요.

A Ngày mai anh có thời gian không?

B Có, có chuyện gì em?

A Anh đi uống cà phê với em được không?

B Được chứ.

A Ngày mai gặp nhé.

1. A와 B는 내일 만나기로 약속했다. (O / X)
2. A가 B에게 영화 보러 갈 것을 제안했다. (O / X)

어휘 확장해보GO

녹음을 듣고, 정확한 발음으로 교통 관련 어휘를 따라 읽어 보세요. Track 12-08

❶ 

응아 뜨
ngã tư
사거리

❷ 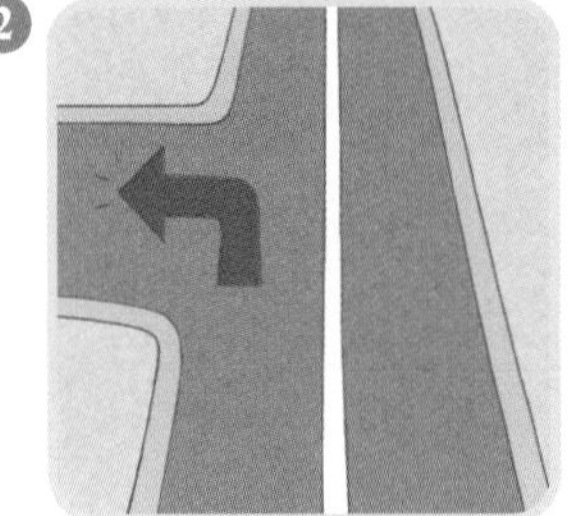

재 짜이
rẽ trái
좌회전

❸ 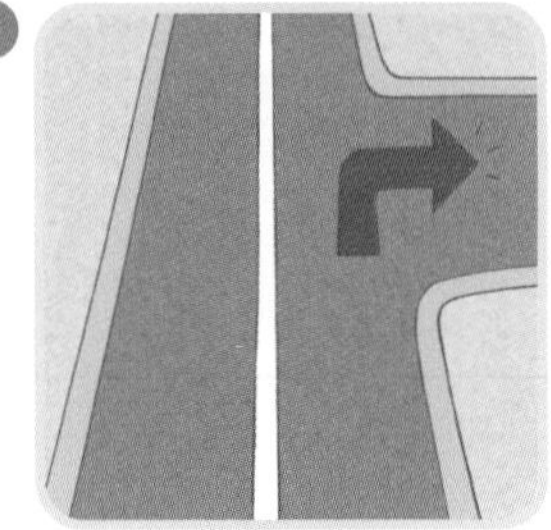

재 파이
rẽ phải
우회전

❹ 

란 몯 하이 바
làn 1/2/3
1 / 2 / 3차선

❺ 

응어 햄
ngõ/hẻm
골목

❻ 

비어 해
vỉa hè
인도/보도

❼ 

바이 도 쌔
bãi đỗ xe
주차장

❽ 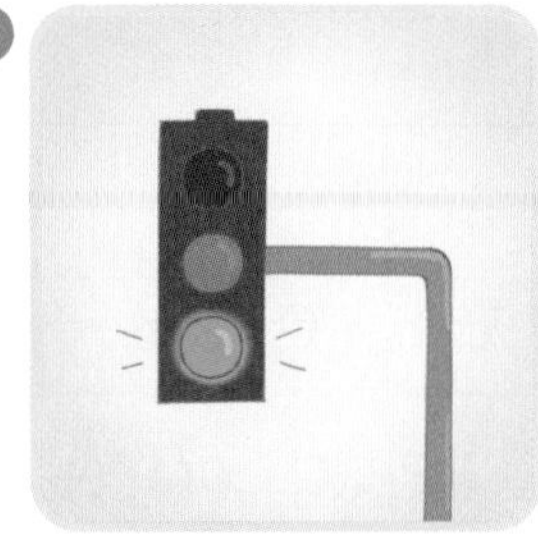

댄 지아오 톰
đèn giao thông
신호등

❾ 

돔 떠이 남 박
Đông/Tây/Nam/Bắc
동/서/남/북

베트남을 만나보GO!

★ 오토바이의 나라 베트남 ★

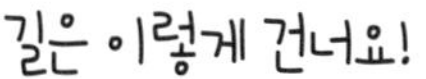

"베트남" 하면 바로 오토바이가 떠오를 만큼 "오토바이의 나라" 라고 불리는 것은 많은 분들께서 알고 계실 것 같습니다. 베트남의 오토바이 보유량은 전세계에서 TOP 5안에 들 정도로 엄청난 오토바이 수를 가지고 있습니다.

그럼 베트남은 왜 오토바이를 많이 이용하고 있는 것일까요?

첫 번째는 베트남의 도로 사정 때문입니다. 도로가 좁은 편이고, 일방통행도 많아서 베트남에서는 오토바이를 이용하는 것이 시간도 절약되고 편리하기 때문입니다.

두 번째는 자동차의 가격이 굉장히 비싸서 오토바이를 많이 이용한다고 합니다.

이러한 이유들로 오토바이가 정말 많은 베트남! 하지만 여행객들에게는 매우 낯선 풍경이 아닐 수 없습니다. 특히 길을 건널 때 신호등이나 횡단보도가 없으면 어디서 어떻게 건너야 할 지 매우 고민이 되는데요. 오토바이가 온다고 빨리 건너기 위해서 절대 뛰면 안 됩니다. 천천히 걸어가면 오토바이들이 잘 피해서 지나갈 것입니다. 베트남에서만 느낄 수 있는 아주 신기한 경험일 것입니다.

13 Cái này bao nhiêu tiền?

이것은 얼마예요?

주요 표현

- 가격 흥정하기
- 음식 주문하기

주요 어법

- 종별사
- để의 쓰임(전치사와 사역 동사)

회화로 말문 트GO ①

준우가 옷을 구매하기 위해 점원에게 가격을 묻습니다. Track 13-02

점원
아잉 껀 지 아
Anh cần gì ạ?

준우
또이 무온 무어 몯 까이 바이
Tôi muốn mua 1 cái váy.

점원
아잉 무어 바이 데 땅 꾸아 쩌 버 아
Anh mua váy để tặng quà cho vợ ạ?
아잉 터이 바이 나이 테 나오
Anh thấy váy này thế nào?

준우
댑 꾸아 까이 나이 바오 니에우 띠엔 아
Đẹp quá! Cái này bao nhiêu tiền ạ?

점원
땀 짬 응인 돔 아잉 아
800 nghìn đồng, anh ạ.

준우
닫 꾸아 찌 지암 지아 드억 콤
Đắt quá. Chị giảm giá được không?

점원
드억 또이 쌔 지암 남 므어이 응인 돔 냬
Được. Tôi sẽ giảm 50 nghìn đồng nhé.

Tip!

의류의 종류

- đầm [덤] 드레스
- quần [꾸언] 바지
- quần lửng [꾸언 릉] 반바지
- áo sơ mi [아오 써 미] 셔츠
- áo phông / áo thun [아오 퐁 / 아오 툰] 티셔츠

Tip!

giảm은 '줄이다'의 뜻으로, bớt을 대신해서 사용할 수 있어요.

~bớt giá được không?
[~벋 지아 드억 콤]

새 단어 Track 13-03

- cái 까이 명 일반 명사 앞에 사용하는 종별사
- váy 바이 명 치마
- để 데 전 ~하기 위하여
- tặng 땅 동 선물하다
- đẹp 댑 형 예쁜, 아름다운
- tiền 띠엔 명 돈
- nghìn 응인 수 천, 1000
- đồng 돔 동[베트남 화폐 단위]
- đắt 닫 형 비싼
- giảm 지암 동 줄이다, 감소시키다
- giá 지아 명 가격

해석

점원 무엇이 필요하신가요?

준우 저는 치마 한 벌을 사려고 해요.

점원 아내에게 선물하려고 사시는 거죠? 이 치마는 어떠세요?

준우 정말 예쁘네요. 이것은 얼마예요?

점원 80만 동이에요.

준우 너무 비싸네요. 깎아주실 수 있을까요?

점원 네. 5만 동 깎아드릴게요.

꿀팁 챙기GO!

bao nhiêu tiền?/ ~giá bao nhiêu? ~은 얼마예요?

가격을 묻는 표현으로 bao nhiêu tiền? 외에도, '가격'의 뜻을 가진 명사 giá와 결합하여 giá bao nhiêu?로 표현할 수 있습니다.

예 Cái này bao nhiêu tiền? (까이 나이 바오 니에우 띠엔) 이것은 얼마예요?

= Cái này giá bao nhiêu? (까이 나이 지아 바오 니에우) 이것은 얼마예요?

회화로 말문 트GO ②

수지와 헨리가 식당에서 음식을 주문합니다. Track 13-04

수지

반 무온 안 지
Bạn muốn ăn gì?

헨리

데 밍 쌤 특 던
Để mình xem thực đơn.

반 꺼 비엔 어 더이 먼 나오 응언 콤
Bạn có biết ở đây món nào ngon không?

수지

냐 항 나이 꺼 먼 분 버 후에 응언 람
Nhà hàng này có món bún bò Huế ngon lắm.

헨리

테 티 밍 쌔 안 트 먼 더
Thế thì mình sẽ ăn thử món đó.

수지

으 밍 쌔 거이 먼
Ừ, mình sẽ gọi món.

찌 어이 쩌 쭘 앰 하이 받 분 버 후에
Chị ơi! Cho chúng em 2 bát bún bò Huế.

Tip!

베트남의 지역별 대표적인 쌀국수

- 북부 지역
  phở [퍼], bún chả [분 짜]
- 중부 지역
  bún bò Huế [분 버 후에],
  mì Quảng [미 꾸앙]
- 남부 지역
  hủ tiếu [후 띠에우],
  bánh canh [바잉 까잉]

Tip!

bát은 '그릇, 사발'의 뜻으로, 북부에서 사용하며, 남부는 tô [또]를 사용해요.

새 단어 Track 13-05

- ăn 안 동 먹다
- món 먼 명 음식, 요리
- thế thì 테 티 접 그러면
- ơi 어이 부 부르는 말
- để 데 동 ~하도록 두다(사역 동사)
- nhà hàng 냐 항 명 식당
- thử 트 동 시도하다
- chúng em 쭘 앰 대 우리, 저희
- thực đơn 특 던 명 메뉴
- bún bò Huế 분 버 후에 고유 베트남 면 요리
- gọi 거이 동 부르다, 주문하다
- bát 받 명 그릇, 사발

해석

수지	뭐 먹고 싶니?
헨리	메뉴 좀 볼게. 여기에서 어떤 음식이 맛있는 줄 아니?
수지	이 식당은 분 버 후에가 정말 맛있어.
헨리	그러면 나는 그 음식을 먹어볼게.
수지	응, 내가 주문할게. 여기요! 분 버 후에 두 그릇 주세요.

꿀팁 챙기GO!

동사 + **thử** / **thử** + 동사 (한번) ~해보다

thử는 시도의 의미를 나타내며, 동사 앞과 뒤에 모두 사용 가능합니다.

찌 안 트 먼 안 나이 냬
예 Chị ăn thử món ăn này nhé. 이 음식 한번 먹어보세요.

아잉 트 쌤 아오 나이 냬
Anh thử xem áo này nhé. 이 옷 한번 보세요.

• áo 아오 명 옷

베트남어 뼈대잡GO

1 종별사

종별사는 명사 앞에서 명사의 종류를 명확히 나타내는 역할을 합니다. 하지만, 숫자와 함께 쓰일 때 종별사는 개수를 세는 단위로써 쓰이며(개, 권, 마리) 등의 뜻을 가지기 때문에 경우에는 생략할 수 없습니다.

종별사		해당 명사
껀 **con** 생물 명사		버 까 쩌 찜 쭈옫 예 bò 소, cá 물고기, chó 개, chim 새, chuột 쥐
까이 **cái** 무생물 명사, 일반 사물		아오 반 게 무 넌 끄어 예 áo 옷, bàn 책상, ghế 의자, mũ(nón) 모자, cửa 문
꾸아 짜이 **quả / trái** 과일, 둥근 사물		깜 따오 얻 범 예 cam 오렌지, táo 사과, ớt 고추, bóng 공
꾸이옌 꾸온 **quyển / cuốn** 책 종류		싸익 뜨 디엔 땁 찌 버 예 sách 책, từ điển 사전, tap chí 잡지, vở 노트
떠 **tờ** (얇은) 종이류		지어이 바오 예 giấy 종이, báo 신문
찌엑 **chiếc** 탈 것, 큰 가전제품		쌔 답 쌔 마이 쌔 오 또 예 xe đạp 자전거, xe máy 오토바이, xe ô tô 자동차, 뚜 라잉 마이 지앋 tủ lạnh 냉장고, máy giặt 세탁기
찌엑 **chiếc** 세트 중 한 짝	도이 **đôi** 세트, 한 쌍	두어 지아이 잽 예 đũa 젓가락, giày 신발, dép 슬리퍼

2 để의 쓰임(전치사와 사역 동사)

để가 전치사로는 '~하기 위해서'의 뜻이고, 사역 동사로는 '~하도록 두다'라는 뜻을 가집니다.

전치사	**để + 동사 ~하기 위해서**
사역 동사	**để + 대상 + 동사 ~이(가) ~하도록 두다**

또이 헙 띠엥 비엔 데 디 주 릭 비엔 남
예 Tôi học tiếng Việt để đi du lịch Việt Nam. 저는 베트남에 여행가기 위해 베트남어를 공부합니다.

데 또이 람
Để tôi làm. 제가 하도록 두세요.

새 단어 • du lịch 주 릭 동 여행하다

말하기 연습하GO

● 단어를 바꾸어 문장을 연습해 보세요. Track 13-06

1 종별사

주어	동사	수량	종별사	명사
어 냐 Ở nhà 집에	꺼 có 있다	하이 2	껀 **con** 마리	쩌 chó 개
또이 Tôi 나		몯 1	찌엑 **chiếc** 대	쌔 마이 xe máy 오토바이

종별사	명사	지시사	서술어
꾸이엔 **Quyển** 권	싸익 sách 책	나이 này 이	덥 하이 람 đọc hay lắm 읽기가 좋다
찌엑 **Chiếc** 대	쌔 마이 xe máy 오토바이		닫 람 đắt lắm 매우 비싸다

2 전치사 để

주어	동사		동사
또이 Tôi 나	덴 đến 오다	데 **để** ~하기 위해서	람 비엑 làm việc 일하다
	디 보 đi bộ 걷다		떱 테 줍 tập thể dục 운동하다

3 사역 동사 để

	대상	동사
데 **Để** ~이(가) ~하도록 두다	또이 tôi 나	끼엠 짜 kiểm tra 확인하다, 검사하다
		띰 tìm 찾다

연습문제로 실력 다지GO

듣기

1 녹음을 듣고, 내용에 알맞은 그림이면 O, 일치하지 않으면 X를 하세요.

Track 13-07

❶

❷

쓰기

2 다음 빈칸에 알맞은 단어를 보기 에서 골라 써 보세요.

보기

gì	để	giảm	đắt

❶ **A** ________ quá. Chị giảm giá được không?

B Tôi sẽ ________ 50 nghìn đồng nhé!

❷ **A** Bạn muốn ăn ________ ?

B ________ mình xem thực đơn.

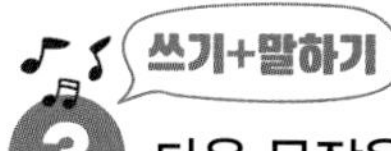

3 다음 문장을 베트남어로 쓰고, 말해보세요.

A 뭐 먹고 싶니?

➡ ______________________

B 메뉴 좀 볼게.

➡ ______________________

읽기

4 다음 문장을 읽고 질문에 답하세요.

A Anh cần gì ạ?

B Tôi muốn mua 1 cái váy để tặng cho mẹ.

A Anh thấy cái này thế nào?

B Váy đó bao nhiêu tiền?

A 600 nghìn đồng, anh ạ.

❶ B가 치마를 사려는 목적은 무엇인가요? ➡ ______________________

❷ 치마의 가격은 얼마인가요? ➡ ______________________

어휘 확장해보GO

녹음을 듣고, 정확한 발음으로 주방 용품 관련 어휘를 따라 읽어 보세요. Track 13-08

❶

받 떠
bát to
큰 사발

❷

받 껀
bát con
밥그릇

❸

디어
đĩa
접시

❹

꼽
cốc
컵

❺

티어
thìa
숟가락

❻
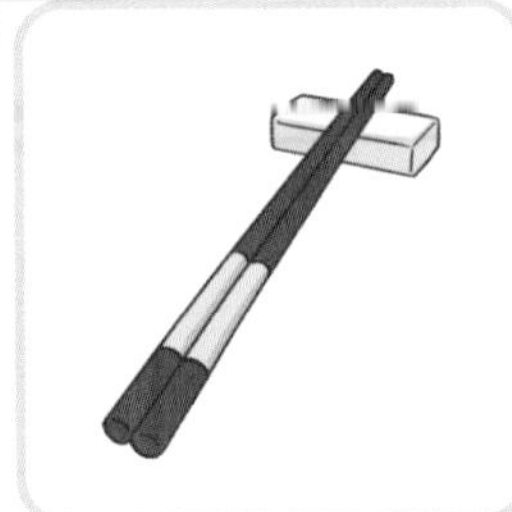
두어
đũa
젓가락

❼

자오
dao
칼

❽

니어
nĩa
포크

❾
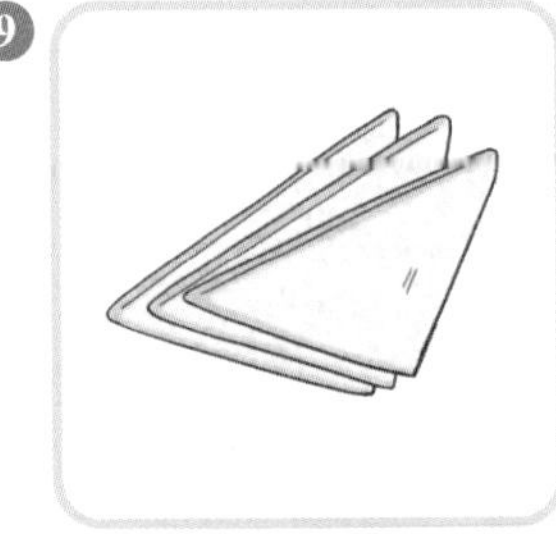
칸 지어이
khăn giấy
냅킨

베트남을 만나보GO!

★ 과일의 나라 베트남 ★

과일은 소금과 함께!

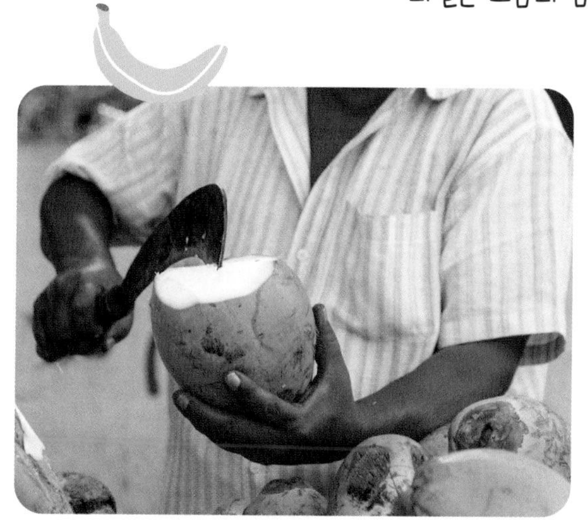

베트남에서 과일을 깎는 모습을 본다면 조금은 낯설다고 생각을 하셨을 텐데요. 낯선 이유는 바로 우리나라와 다르게 칼날의 방향이 바깥쪽을 향해 있기 때문입니다.

우리나라 사람들은 바깥쪽을 향해 있는 칼날을 보면 조금 불안하다고 생각하지만 베트남 사람들은 이 방법이 더 안전하다고 생각하기 때문입니다.

그리고 과일과 관련된 다른 재미있는 문화가 있습니다. 바로 과일을 고추 소금에 찍어 먹는 것입니다.

바나나, 딸기 등과 같은 부드럽고 달콤한 과일 종류들은 고추 소금에 찍어 먹지 않지만, 딱딱하고 신맛이 나는 과일 종류들의 경우는 보통 고추 소금과 함께 먹습니다. 왜냐하면 이렇게 먹을 때 신맛이 더 달게 느껴지고, 더 맛있어지기 때문입니다.

고추 소금에 찍어 먹는 베트남에서의 과일! 한 번 맛보세요.

14 Em đã đi du lịch Đà Nẵng bao giờ chưa? 당신은 다낭에 여행 가본 적이 있나요?

주요 표현	• 경험 관련 표현하기 • 호텔에서 사용할 표현하기

주요 어법	• 경험 묻기 • 의문사 sao

회화로 말문 트GO ①

준우와 타오가 다낭에 관해 이야기합니다. Track 14-02

준우

앰 다 디 주 릭 다 낭 바오 지어 쯔어
Em đã đi du lịch Đà Nẵng bao giờ chưa?

타오

벙 조이 아 펌 까잉 다 낭 댑 람
Vâng, rồi ạ. Phong cảnh Đà Nẵng đẹp lắm.

아잉 디 따우 호아 하이 마이 바이 아
Anh đi tàu hỏa hay máy bay ạ?

준우

아잉 쯔어 꾸이엔 딩 앰 다 디 방 지
Anh chưa quyết định. Em đã đi bằng gì?

- bằng + 명사 : ~로(써)
  bằng은 '~로(써)'의 뜻을 가지며 수단, 방법, 재료, 재질 등을 나타낼 때 사용해요.

타오

앰 다 디 방 마이 바이 아잉 넨 디 마이 바이
Em đã đi bằng máy bay. Anh nên đi máy bay.

디 마이 바이 브어 냐잉 브어 띠엔
Đi máy bay vừa nhanh vừa tiện.

새 단어 Track 14-03

- đã~bao giờ chưa 다 바오 지어 쯔어 ~해본 적이 있나요?
- du lịch 주 릭 ㊍ 여행하다
- Đà Nẵng 다 낭 ㊒ 다낭
- phong cảnh 펌 까잉 ㊔ 풍경
- tàu hỏa 따우 호아 ㊔ 기차
- hay 하이 ㊈ 또는, 혹은
- quyết định 꾸이엔 딩 ㊍ 결정하다
- bằng 방 ㊉ ~로
- nên 넨 ㊍ ~하는 편이 좋겠다
- tiện 띠엔 ㊎ 편리한

해석

준우	당신은 다낭에 여행 가본 적이 있나요?
타오	네, 이미요. 다낭의 풍경은 정말 예뻐요. 기차를 타고 가나요 아니면 비행기를 타고 가나요?
준우	아직 정하지 않았어요. 당신은 무엇을 타고 갔나요?
타오	저는 비행기를 타고 갔어요. 비행기를 타는 편이 좋겠어요. 비행기가 빠르고 편해요.

꿀팁 챙기GO!

주어 + **nên** + 동사 ~하는 편이 좋겠다

nên은 동사 앞에 사용하여 조동사의 역할을 하며 권유하는 표현으로 사용합니다.

예 Bạn nên uống cà phê. (반 넨 우옹 까 페) 너는 커피를 마시는 것이 좋겠어.

- trà 짜 명 차
- đều 데우 부 모두

A hay B? A 아니면 B?

hay는 선택의문문 용법 외에 접속사로 '또는'의 의미도 있습니다.

예 Chị muốn uống cà phê hay trà? (찌 무온 우옹 까 페 하이 짜) 커피 마실래요, 아니면 차 마실래요? [선택의문문]

Cà phê hay trà đều được. (까 페 하이 짜 데우 드억) 커피 또는 차 모두 좋아요. [접속사]

회화로 말문 트GO ❷

준우가 호텔에서 체크아웃합니다. Track 14-04

준우

또이 무온 짜 펌 바 몯 남
Tôi muốn trả phòng 315.

호텔 직원

벙 아잉 쩌 몯 쭏
Vâng, anh chờ một chút.

아잉 어 본 응아이 라 하이 찌에우 돔 아
Anh ở 4 ngày là 2 triệu đồng ạ.

준우

우어 짝 짠 꺼 번 데 지 조이
Ủa, chắc chắn có vấn đề gì rồi.

호텔 직원

싸오 아잉 꺼 쭈이엔 지 콤 아
Sao anh? Có chuyện gì không ạ?

준우

비 또이 찌 어 바 응아이 토이
Vì tôi chỉ ở 3 ngày thôi.

호텔 직원

씬 로이 아잉 데 앰 끼엠 짜 라이
Xin lỗi anh, để em kiểm tra lại.

Tip!

- 방 번호를 말할 때는 '삼백십오' 라고 표현하지 않고 간편하게 '삼 일 오'라고 표현해요.

Tip!

- chờ는 '기다리다'의 뜻으로, đợi [더이]도 같은 의미예요.

새 단어 Track 14-05

- trả phòng 짜 펌 동 체크아웃하다
- chờ 쩌 동 기다리다
- triệu 찌에우 수 백만
- ủa 우어 감탄 놀람을 나타내는 말
- chắc chắn 짝 짠 부 확실한, 의심할 여지 없는
- vấn đề 번 데 명 문제
- sao 싸오 의 왜
- kiểm tra 끼엠 짜 동 확인하다

해석

준우	315호 방을 체크아웃하고 싶어요.
호텔 직원	네, 잠시만 기다려 주세요. 4일을 머무르셔서 200만 동입니다.
준우	앗, 틀림없이 무슨 문제가 있는 것 같은데요.
호텔 직원	왜 그러세요? 무슨 일이 있으신가요?
준우	왜냐하면 저는 3일만 머물렀거든요.
호텔 직원	죄송합니다. 제가 다시 체크해 보겠습니다.

꿀팁 챙기GO!

호텔과 관련된 다양한 표현

- nhận phòng (년 펌) 체크인하다
- trả phòng (짜 펌) 체크아웃하다
- đặt phòng (닫 펌) 방을 예약하다
- phòng đơn/phòng đôi (펌 던/펌 도이) 싱글룸/더블룸
- gửi hành lý (그이 하잉 리) 짐을 맡기다
- gọi báo thức (거이 바오 특) 모닝콜 하다

베트남어 뼈대잡GO

1 경험 묻기

완료 여부를 묻는 [주어 + đã + 동사 + chưa?] 문형에 '언제'라는 뜻을 가진 의문사 'bao giờ'를 넣어 사용하면 과거의 경험을 묻는 표현이 됩니다. 이때, 동사와 bao giờ의 위치는 바꾸어 사용할 수 있습니다.

주어 + đã + 동사 + bao giờ chưa? **주어 + đã bao giờ + 동사 + chưa?**	~해본 적이 있나요?

반 다 쌤 핌 비엔 남 바오 지어 쯔어
예 A: Bạn đã xem phim Việt Nam bao giờ chưa? 베트남 영화를 본 적이 있니?

조이 밍 다 쌤 핌 비엔 남 조이
B: [긍정] Rồi, mình đã xem phim Việt Nam rồi. 응, 베트남 영화를 봤어.

쯔어 밍 쯔어 바오 지어 쌤 핌 비엔 남
[부정] Chưa, mình chưa bao giờ xem phim Việt Nam.
아니, 나는 아직 베트남 영화를 본 적이 없어.

2 의문사 sao

의문사 sao는 '왜'라는 뜻으로, 문장 맨 앞에 사용하여 행위나 상태의 이유를 묻는 표현입니다. 이에 대한 대답은 '~이기 때문에'라는 뜻을 가진 접속사 vì를 사용합니다. 또한, sao와 같은 표현으로는 tại sao, vì sao를 사용할 수 있으며, 역시 vì와 같은 표현으로는 tại vì, bởi vì를 사용할 수 있습니다.

Sao + 주어 + 동사(구)? 왜 ~는 ~하나요?

싸오 아잉 덴 무온
예 A: Sao anh đến muộn? 당신(남성)은 왜 늦었나요?

비 꺼 껫 쌔 씬 로이 찌
B: Vì có kẹt xe. Xin lỗi chị. 교통체증 때문에요. 죄송해요.

새 단어 • kẹt xe 껫 쌔 명 교통체증

말하기 연습하GO

● 단어를 바꾸어 문장을 연습해 보세요.

Track 14-06

1 경험 묻기

주어		동사(구)	
찌 Chị 당신(여성)	다 **đã**	디 비엔 남 đi Việt Nam 베트남에 가다	바오 지어 쯔어 **bao giờ chưa?** ~해본 적이 있나요?
아잉 Anh 당신(남성)		디 꼼 딱 비엔 남 đi công tác Việt Nam 베트남 출장을 가다	

2 의문사 sao (이유 묻기)

	주어	동사(구)
싸오 **Sao** 왜	반 bạn 친구	쯔어 덴 chưa đến? 아직 도착하지 않다
	찌 chị 당신(여성)	콤 디 람 không đi làm? 일하러 가지 않다

	주어	동사(구)
비 **Vì** ~하기 때문에	밍 mình 나	꺼 비엑 có việc 일이 있다
	홈 나이 hôm nay 오늘	응이 nghỉ 쉬다

연습문제로 실력 다지GO

듣기

1 녹음을 듣고, 내용에 알맞은 그림이면 O, 일치하지 않으면 X를 하세요. Track 14-07

❶

☐

❷

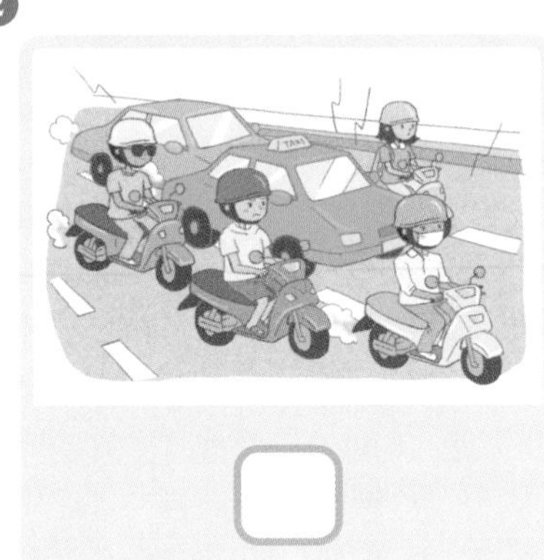

☐

쓰기

2 다음 빈칸에 알맞은 단어를 보기 에서 골라 써 보세요.

보기

bao giờ **sao** **vấn đề** **đã**

❶ **A** Em ________ đi du lịch Đà Nẵng ________ chưa?

B Vâng, rồi ạ. Phong cảnh Đà Nẵng đẹp lắm.

❷ **A** Chắc chắn có ________ gì rồi.

B ________ anh? Có chuyện gì không ạ?

3 다음 문장을 베트남어로 쓰고, 말해보세요.

A 당신은 호찌민에 여행을 가본 적이 있나요?

➡ ______________________

B 아니요, 아직 호찌민에 여행을 가본 적이 없어요.

➡ ______________________

4 다음 문장을 읽고 질문에 답하세요.

A Bạn đã xem phim 'Áo lụa Hà Đông' chưa?

B Rồi. Mình đã xem rồi. Mình thích phim đó lắm.

A Sao bạn thích phim 'Áo lụa Hà Đông'?

B Vì diễn viên phim này rất nổi tiếng.
Bạn đã xem phim này chưa?

A Chưa, chiều nay mình sẽ xem.

❶ A는 'Áo lụa Hà Đông' 영화를 이번 주말에 볼 것이다. (O / X)

❷ B가 'Áo lụa Hà Đông' 영화를 좋아하는 이유는 무엇인가요?

➡ ______________________

• Áo lụa Hà Đông 아오 루어 하 돔 고유 하얀 아오자이[영화명]

어휘 확장해보GO

녹음을 듣고, 정확한 발음으로 교통수단 관련 어휘를 따라 읽어 보세요. Track 14-08

1

마이 바이
máy bay
비행기

2

따우 호아
tàu hỏa
기차

3

쌔 부잇 쌔 카익
xe buýt / xe khách
시내 버스 / 관광 버스

4

따우 디엔 응엄
tàu điện ngầm
지하철

5

딱 씨
tắc xi
택시

6

쌔 마이
xe máy
오토바이

7

쌔 오 또
xe ô tô
자동차

8

쌔 답
xe đạp
자전거

9

씩 로
xích lô
씨클로

베트남을 만나보GO!

★ 베트남 설의 금기 사항 ★

이것만은 피해주세요!

원단절은 주로 "Tết Âm lịch, Tết ta"라고 부르는데, 베트남 사람들에게 가장 크고 중요한 명절입니다. 그러나 중대한 명절이 다가올수록 베트남 사람들이 금기시하는 일들이 있습니다.

첫 번째, 설날에 빗자루로 쓸거나 쓰레기를 버리는 일을 피합니다. 이 일은 첫 해의 집의 모든 재산을 쓸어 담아버리는 것과 같다고 생각하기 때문입니다. 그래서 재야 전에 청소를 하고 깨끗하게 닦습니다.

두 번째, 그릇이나 잔, 도자기 같이 유리로 만들어진 물건들을 깨뜨리는 일을 피합니다. 물건을 깨뜨리는 일은 사업에 실패하고, 가족이 화목하지 않으며, 건강이 나빠지는 것과 같은 불운한 일을 가지고 온다고 생각하기 때문입니다.

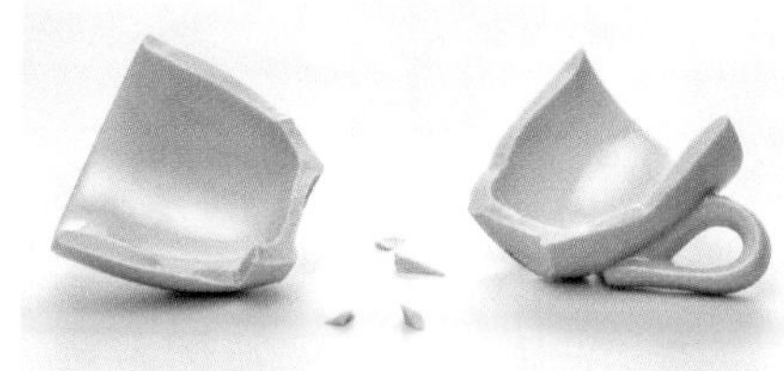

세 번째, 불과 물을 다른 이에게 주는 것을 피합니다. 불은 빨간색을 가지고 있어서 베트남 사람들은 빨간색이 행운과 좋음을 상징한다고 생각합니다. 그리고 물은 재산, 돈이라고 생각하여 연초에 불과 물을 다른 사람에게 주는 것은 본인의 행운과 재산을 그 사람에게 가져다준다고 생각하기 때문입니다.

15 Mình bị cảm nặng rồi.
나는 감기에 심하게 걸렸어.

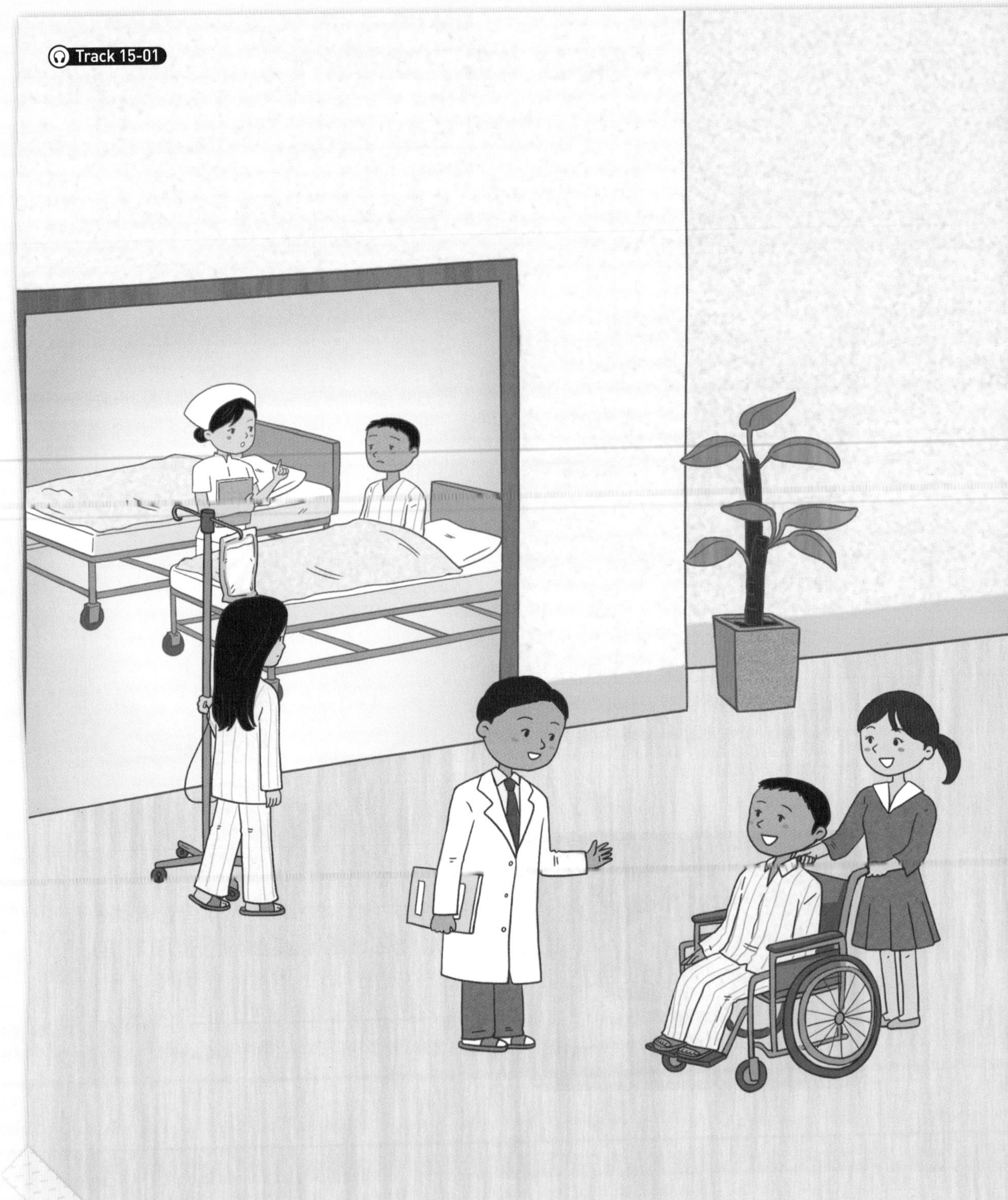

주요 표현	• 증상 관련 표현하기 • 근황 묻고 답하기	주요 어법	• 수동의 표현 được/bị • 형용사의 점진적 변화 표현

회화로 말문 트GO ①

헨리가 수지의 건강을 염려하며 이야기합니다. Track 15-02

헨리

홈 나이 쫌 반 꺼 배 콤 코애
Hôm nay trông bạn có vẻ không khỏe.

수지

으 밍 비 깜 낭 조이
Ừ, mình bị cảm nặng rồi.

Tip!
nặng은 '무거운'이라는 뜻으로 무게 외에도 병이나, 상황 등이 심각할 때도 사용해요.

헨리

반 다 디 캄 베잉 쯔어
Bạn đã đi khám bệnh chưa?

수지

쯔어 밍 찌 우옹 투옥 토이
Chưa. Mình chỉ uống thuốc thôi.

Tip!
phải은 '오른쪽'이라는 뜻 외에도, '~해야 한다'라는 뜻의 의무 또는 충고를 나타내요.

헨리

반 파이 디 베잉 비엔 쯔
Bạn phải đi bệnh viện chứ.

짝 짠 어 건 더이 꺼 몯 베잉 비엔 런
Chắc chắn ở gần đây có 1 bệnh viện lớn.

수지

으 찌에우 나이 밍 쌔 디 깜 언 반
Ừ, chiều nay mình sẽ đi. Cảm ơn bạn.

새 단어 Track 15-03

- trông 쫌 동 ~처럼 보이다, 돌보다
- có vẻ 꺼 배 동 ~처럼 보이다
- bị + 서술어 비 동 (수동) ~하게 되다
- cảm 깜 동 감기 걸리다
- nặng 낭 형 심한, 무거운
- khám bệnh 캄 베잉 동 진찰하다
- uống thuốc 우옹 투옥 동 약을 복용하다
- phải 파이 조동 ~해야 한다
- bệnh viện 베잉 비엔 명 병원
- lớn 런 형 큰

해석

헨리	오늘 너 몸이 안 좋아 보여.
수지	응, 나는 감기가 심하게 걸렸어.
헨리	진찰받으러 갔었니?
수지	아직. 약만 먹었어.
헨리	병원에 가야지. 틀림없이 여기 근처에 큰 병원이 있을 거야.
수지	응, 오늘 오후에 가보려고. 고마워.

꿀팁 챙기GO!

trông + 주어 + **có vẻ** + 서술어(동사/형용사) ~처럼 보이다

주어의 상태를 확인한 후, 어떤 상태인지 묘사하는 표현입니다. trông과 có vẻ는 따로 쓰이기도 하고 함께 쓰이기도 합니다.

예 Trông chị có vẻ mệt. (쫌 찌 꺼 배 멧) 당신(여성)은 피곤한 것처럼 보여요.
= Trông chị mệt. (쫌 찌 멧)
= Chị có vẻ mệt. (찌 꺼 배 멧)

회화로 말문 트GO ❷

준우와 타오가 서로의 근황에 관해 이야기합니다. Track 15-04

준우

자오 나이 앰 거이 디 파이 콤
Dạo này em gầy đi phải không?

타오

벙 앰 지암 하이 껀 조이 아
Vâng, em giảm 2 cân rồi ạ.

준우

싸오 앰 아잉 응애 너이 앰 드억 탕 쯕 마
Sao em? Anh nghe nói em được thăng chức mà.

타오

벙 니응 꼼 비엑 꾸어 앰 깡 응아이 깡
Vâng, nhưng công việc của em càng ngày càng

니에우 꾸아 앰 비 깡 탕 니에우 람 아
nhiều quá. Em bị căng thẳng nhiều lắm ạ.

준우

자오 나이 아잉 배오 자 비 비 깡 탕
Dạo này anh béo ra vì bị căng thẳng.

쭘 따 꼬 렌 냬
Chúng ta cố lên nhé.

새 단어 Track 15-05

- gầy 거이 형 마른
- đi 디 동 감소의 변화를 나타냄
- cân 껀 명 kg[무게의 단위]
- thăng chức 탕 쯕 동 승진하다
- công việc 꼼 비엑 명 업무, 일
- càng~càng 깡 깡 ~할수록 ~하다
- căng thẳng 깡 탕 형 스트레스 받는
- béo 배오 형 살 찐
- ra 자 동 증가의 변화를 나타냄

해석

준우　요즘 당신 살이 빠진 것 맞죠?

타오　네, 2kg이 줄었어요.

준우　왜 그런 거예요? 저는 당신이 승진했다고 들었는데요.

타오　네, 그렇지만 제 업무가 날이 갈수록 너무 많아요.
스트레스를 너무 많이 받아요.

준우　저는 요즘 스트레스를 받아서 살이 쪘어요. 우리 힘내요.

꿀팁 챙기GO!

càng A càng B　A 할수록 B 하다

대상의 상태가 점진적으로 증가함을 나타내는 표현으로, A와 B의 자리에는 형용사와 동사가 올 수 있습니다. 한편 A 자리에 날을 뜻하는 ngày가 오면, '날이 갈수록 ~하다'는 뜻을 가지며, càng ngày càng~ 또는 ngày càng~으로 표현할 수 있습니다.

예 Tiếng Việt càng học càng thú vị.　베트남어는 공부할수록 재미있어요.
(띠엥 비엣 깡 헙 깡 투 비)

베트남어 뼈대잡GO

1 수동의 표현 được/bị

베트남어의 수동 표현은, được과 bị로 나타냅니다. 화자의 관점에서 긍정적인 내용의 경우 được을, 부정적인 내용의 경우 bị를 동사 앞에 사용합니다. 이때, 그 행위의 원인이 되는 주체를 나타낼 경우, 그 주체를 được/bị와 서술어(동사/형용사) 사이에 넣어서 표현합니다.

주어 + được + (행위의 주체) + 서술어(동사/형용사) (~에 의해) ~하게 되다 [긍정적 상황]
주어 + bị + (행위의 주체) + 서술어(동사/형용사) (~에 의해) ~하게 되다 [부정적 상황]

예 또이 드억 반 땅 꾸아
Tôi được bạn tặng quà. 저는 친구로부터 선물을 받았어요.

또이 비 까잉 쌋 판
Tôi bị cảnh sát phạt. 저는 경찰로부터 벌금을 부과받게 되었어요.

새 단어 • cảnh sát 까잉 쌋 명 경찰 • phạt 팟 동 벌하다

2 형용사의 점진적 변화 표현

시간 또는 환경에 따라 점진적으로 변화하는 상태를 표현할 때 사용하며, 긍정적 변화 및 증가의 표현일 때는 lên 또는 ra를, 부정적 변화 및 감소의 표현일 때는 đi를, 강조의 표현일 때는 lại를 형용사 뒤에 붙여 표현합니다.

주어 + 형용사 + lên / ra (긍정 또는 증가) 점점 ~해지다
주어 + 형용사 + đi (부정 또는 감소) 점점 ~해지다
주어 + 형용사 + lại (감소) 다시 ~해지다

예 반 어이 댑 자
Bạn ấy đẹp ra. 그 친구는 예뻐졌어요.

자오 나이 터이 띠엣 넘 렌
Dạo này thời tiết nóng lên. 요즘 날씨가 더워졌어요.

쓱 코애 꾸어 또이이에우 디
Sức khỏe của tôi yếu đi. 제 건강이 약해졌어요.

쩌이 라잉 라이조이
Trời lạnh lại rồi. 날씨가 (더웠다가) 다시 추워졌어요.

새 단어 • bạn ấy 반 어이 명 그 친구 • sức khỏe 쓱 코애 명 건강 • yếu 이에우 형 약한

말하기 연습하GO

● 단어를 바꾸어 문장을 연습해 보세요. Track 15-06

1 수동의 표현 **được/bị**

주어		(행위의 주체)	동사 / 형용사
낑 떼 비엗 남 Kinh tế Việt Nam 베트남 경제	드억 **được**		팓 찌엔 phát triển 발전하다
앰 어이 Em ấy 그 아이		보 매 bố mẹ 부모님	짬 썹 chăm sóc 돌보다
마이 비 띵 Máy vi tính 컴퓨터	비 **bị**		험 hỏng 고장 나다
또이 Tôi 나		지암 돕 giám đốc 사장님	페 빙 phê bình 비판하다

2 형용사의 점진적 변화 표현

주어	형용사	
만 힝 Màn hình 화면	쌍 sáng 밝은	렌 자 **lên / ra** 점점 ~해지다
꼬 윤 Cô Yoon 윤 선생님	째 trẻ 젊은	
옴 어이 Ông ấy 그 할아버지	지아 già 늙은	디 라이 **đi / lại** 점점 ~해지다 다시 ~해지다
터이 띠엗 Thời tiết 날씨	라잉 lạnh 추운	

연습문제로 실력 다지GO

듣기

1 녹음을 듣고, 내용에 알맞은 그림이면 O, 일치하지 않으면 X를 하세요.  Track 15-07

❶

❷

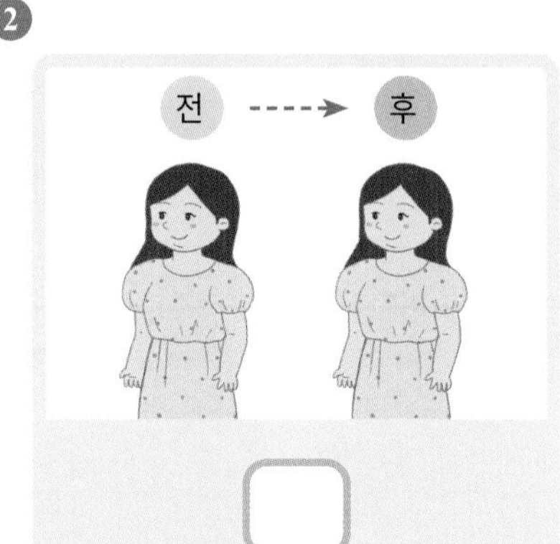

쓰기

2 다음 빈칸에 알맞은 단어를 보기 에서 골라 써 보세요.

보기

giảm **có vẻ** **bị** **đi**

❶ **A** Hôm nay trông bạn ________ không khỏe.

B Ừ, mình ________ cảm nặng rồi.

❷ **A** Dạo này em gầy ________ phải không?

B Vâng, em ________ 2 cân rồi ạ.

쓰기+말하기

3 다음 문장을 베트남어로 쓰고, 말해보세요.

A 오늘 너 몸이 안 좋아 보여.

➡ ______________________________

B 응. 나는 감기가 심하게 걸렸어.

➡ ______________________________

읽기

4 다음 문장을 읽고 질문에 답하세요.

A Dạo này mình béo ra rồi.

B Có chuyện gì không?

A Mình bị căng thẳng lắm! Dạo này ăn nhiều quá.

B Bạn nên tập thể dục đi. Sức khỏe của bạn sẽ khỏe lên. Cố lên!

❶ A는 요즘 (살이 찌고 / 말라가고) 있다.

❷ B는 A에게 (운동할 것을 / 약 먹을 것을) 권하고 있다.

- tập thể dục 떱 테 쥽 ⓢ 운동하다
- lên 렌 점점 ~해지다

어휘 확장해보GO

녹음을 듣고, 정확한 발음으로 증상 관련 어휘를 따라 읽어 보세요. Track 15-08

❶

깜
cảm
감기

❷

다우 더우 니윽 더우
đau đầu / nhức đầu
두통

❸

허
ho
기침

❹

쏟
sốt
열나는

❺

트엉
thương
부상당한

❻

띠에우 짜이
tiêu chảy
설사하는

❼

더이 붐
đầy bụng
체한

❽
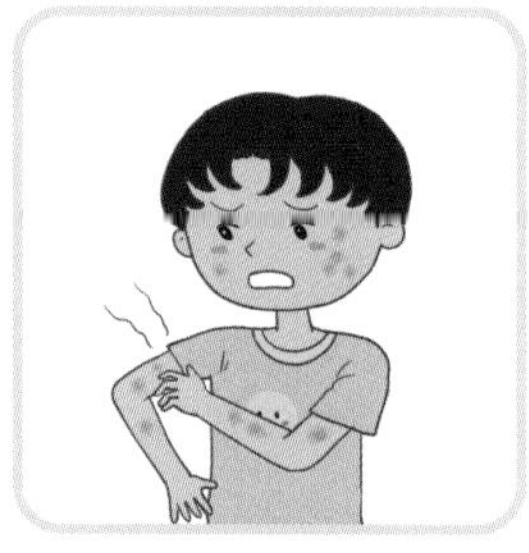

지 응
dị ứng
알레르기

❾

가이
gãy
부러진

베트남을 만나보GO!

★ 베트남의 아침 식사 ★

박에서 간단하고, 간편하게!

한국 사람들은 보통 집에서 아침을 먹지만 베트남에서는 많은 사람들이 밖에서 아침식사를 하거나 사가지고 와서 먹습니다. 베트남의 하루 근무 일과는 한국에 비해서 꽤 일찍부터 시작합니다. 그 근무 시간에 맞춰 베트남 사람들은 아침 일찍 일어나야 하기 때문에 아침 식사를 준비할 시간이 없습니다. 그래서 이렇게 밖에서 아침 식사를 하거나 사와서 집에서 먹는 것이 베트남에서의 보편적인 아침 식사 방법이 되었습니다.

아침 식사 메뉴로는 한국 사람들에게도 많이 알려진 phở (쌀국수), bánh mì (베트남식 샌드위치) 뿐만 아니라 súp (스프), xôi (찹쌀밥) 등을 즐겨 먹습니다.

베트남에서의 아침 식사의 기회가 생긴다면 súp (스프), xôi (찹쌀밥)를 추천드립니다.

16 Hôm nay bận hơn hôm qua.
오늘이 어제보다 더 바빠요.

주요 표현

- 제안과 거절 표현하기
- 취미에 관해 묻고 답하기

주요 어법

- 비교문
- 때를 표현하는 부사구 khi

회화로 말문 트GO ①

타오가 준우에게 함께 쇼핑 가기를 제안합니다. Track 16-02

타오

아잉 준우 어이 싸우 키 람 비엑 썸
Anh Junwoo ơi! Sau khi làm việc xong
쭘 따 디 무어 쌈 디
chúng ta đi mua sắm đi!

준우

홈 나이 콤 드억 꼼 비엑 니에우 꾸아
Hôm nay không được. Công việc nhiều quá!

타오

홈 꾸아 아잉 꿈 람 뎀 마
Hôm qua anh cũng làm đêm mà.
홈 나이 아잉 꿈 번 하
Hôm nay anh cũng bận hả?

준우

으 홈 나이 번 헌 홈 꾸아
Ừ, hôm nay bận hơn hôm qua.
런 싸우 쭘 따 디 녜
Lần sau chúng ta đi nhé.

Tip

- lần sau [런 싸우] 다음번
- lần trước [런 쯔억] 지난번
- lần này [런 나이] 이번

새 단어 Track 16-03

- sau khi 싸우 키 접 ~한 후에
- xong 썸 동 끝나다
- mua sắm 무어 쌈 동 쇼핑하다
- hôm qua 홈 꾸아 명 어제
- làm đêm 람 뎀 동 야근하다
- bận 번 형 바쁜
- hơn 헌 부 ~보다, 더 ~한
- lần sau 런 싸우 부 다음번

해석

타오	준우 씨! 일 끝나고 우리 쇼핑하러 가요!
준우	오늘은 안돼요. 일이 너무 많아요!
타오	어제도 야근했잖아요. 오늘도 바쁘세요?
준우	네, 오늘이 어제보다 더 바빠요. 우리 다음에 가요.

꿀팁 챙기GO!

~à? / ~hả? ~합니까?

à 또는 hả는 의문 조사로, 문장 끝에서 의문문을 만드는 역할을 합니다. 이때, hả는 의구심, 궁금증의 뉘앙스가 더 강하며 주로 동갑이나 손아랫사람 혹은 친한 사이에 많이 사용합니다.

응아이 마이 앰 꿈 디 아
예 Ngày mai em cũng đi à? 내일 너도 가니?

응아이 마이 앰 꿈 디 하
Ngày mai em cũng đi hả? 내일 너도 간다고?

회화로 말문 트GO ❷

수지와 헨리가 취미에 관해 이야기합니다. Track 16-04

헨리

키 자잉 반 트엉 람 지
Khi rảnh bạn thường làm gì?

수지

밍 트엉 디 쭙 아잉
Mình thường đi chụp ảnh.

껀 반 써 틱 꾸어 반 라 지
Còn bạn, sở thích của bạn là gì?

헨리

밍 틱 쩌이 범 다 밍 틱 범 다 녇 쩜
Mình thích chơi bóng đá. Mình thích bóng đá nhất trong

깍 몬 테 타오
các môn thể thao.

수지

반 틱 꺼우 투 나오 녇
Bạn thích cầu thủ nào nhất?

헨리

밍 틱 로난도 녇
Mình thích Ronaldo nhất.

로난도 까오 방 밍 바 방 뚜오이 밍
Ronaldo cao bằng mình và bằng tuổi mình.

새 단어 Track 16-05

- khi 키 접 ~할 때, 시간
- rảnh 자잉 형 한가한
- thường 트엉 부 보통의
- chụp ảnh 쭙 아잉 동 사진 찍다
- sở thích 써 틱 명 취미
- chơi 쩌이 동 플레이하다
- bóng đá 범 다 명 축구
- nhất 녇 형 가장 ~한, 제일
- trong 쩜 전 ~중에, ~안에
- các 깍 형 ~들
- môn 몬 명 종목, 과목
- thể thao 테 타오 명 스포츠
- cầu thủ 꺼우 투 명 선수
- Ronaldo 로 난 도 인명 호날두
- cao 까오 형 키가 큰, 높은
- bằng 방 전 ~만큼

해석

헨리　한가할 때 너는 보통 무엇을 하니?

수지　나는 사진 찍으러 가. 그런데 너의 취미는 무엇이니?

헨리　나는 축구하는 것을 좋아해. 스포츠 경기 중에 축구를 가장 좋아해.

수지　어떤 선수를 가장 좋아해?

헨리　나는 호날두를 가장 좋아해.
호날두는 나와 키도 같고 나이도 같아.

꿀팁 챙기GO!

취미 묻기의 다양한 표현

취미를 물어볼 때는 다음과 같이 다양하게 표현할 수 있습니다.

예 Khi rảnh, bạn thường làm gì? (키 자잉 반 트엉 람 지) 한가할 때 너는 보통 무엇을 하니?

Khi có thời gian, bạn thường làm gì? (키 꺼 터이 지안 반 트엉 람 지) 시간이 있을 때 너는 보통 무엇을 하니?

Sở thích của bạn là gì? (써 틱 꾸어 반 라 지) 너의 취미는 무엇이니?

베트남어 뼈대잡GO

1 비교문

비교문은 둘 또는 그 이상의 대상을 비교할 때 사용하는 표현으로, 동급에서는 '~만큼', '~처럼'의 뜻을 가진 bằng과 như를, 비교급에서는 '~보다'의 뜻을 가진 hơn을 그리고 최상급에서는 '가장 ~한'의 뜻을 가진 nhất으로 표현합니다.

동급	**A + 형용사 + bằng/như + B　A는 B만큼/처럼 ~하다**
비교급	**A + 형용사 + hơn + B　A는 B보다 더 ~하다**
최상급	**A + 형용사 + nhất　A가 가장 ~하다**

예 또이 까오 방 아잉 훙
Tôi cao bằng anh Hùng.　저는 훔씨와 키가 같아요.

찌 어이 댑 니으 지엔 비엔
Chị ấy đẹp như diễn viên.　그녀는 배우처럼 예뻐요.

홈 나이 넘 헌 홈 꾸아
Hôm nay nóng hơn hôm qua.　오늘은 어제보다 더 더워요.

반 어이 너이 띠엥 비엣 지어이 녓 쩜 럽
Bạn ấy nói tiếng Việt giỏi nhất trong lớp.　그 친구는 반에서 베트남어를 가장 잘해요.

2 때를 표현하는 부사구 'khi'

khi는 때를 표현하는 부사구로, '~할 때'의 뜻으로, trước(전), sau(후), trong(동안)과 결합하여 조금 더 구체적인 시점을 표현하기도 합니다.

khi ~할 때	**trước khi** ~하기 전에
sau khi ~한 후에	**trong khi** ~하는 동안에

예 키 디 람 또이 디 방 쌔 마이
Khi đi làm, tôi đi bằng xe máy.　일하러 갈 때 저는 오토바이를 타고 가요.

쯔억 키 응우 또이 트엉 응애 냑
Trước khi ngủ, tôi thường nghe nhạc.　자기 전에 저는 보통 음악을 들어요.

싸우 키 람 비엑 썸 또이 쌔 베 냐
Sau khi làm việc xong, tôi sẽ về nhà.　일이 끝난 후에 저는 집으로 갈거예요.

쩜 키 라이 쌔 또이 다 응애 냑
Trong khi lái xe, tôi đã nghe nhạc.　운전하는 동안 저는 음악을 들었어요.

새 단어 • ngủ 응우 동 잠자다　• về nhà 베 냐 동 귀가하다

말하기 연습하GO

● 단어를 바꾸어 문장을 연습해 보세요.

Track 16-06

1 비교문-동급

A	형용사	**bằng / như**	B
까이 아오 나이 Cái áo này 이 옷	닫 đắt 비싼	방 **bằng** ~만큼	까이아오끼어 cái áo kia 저 옷
찌 어이 Chị ấy 그녀	댑 đẹp 예쁜, 아름다운	니으 **như** ~처럼	지엔 비엔 diễn viên 배우

2 비교문-비교급

A	형용사		B
또이 Tôi 나	까오 cao 키가 큰	헌 **hơn** ~보다	아잉 어이 anh ấy 그
	코애 khỏe 건강한		반 어이 bạn ấy 그 친구

3 비교문-최상급

A	형용사	
핌 나이 Phim này 이 영화	하이 hay 재미있는	녓 **nhất** 가장
먼 나이 Món này 이 음식	응언 ngon 맛있는	

연습문제로 실력 다지GO

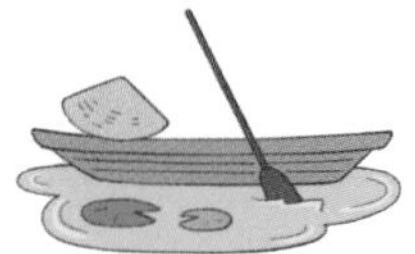

듣기

1 녹음을 듣고, 내용에 알맞은 그림이면 O, 일치하지 않으면 X를 하세요.  Track 16-07

❶

❷

쓰기

2 다음 빈칸에 알맞은 단어를 보기 에서 골라 써 보세요.

보기

hơn	**rảnh**	**thường**	**cũng**

❶ **A** Hôm nay anh ________ bận hả?

B Ừ, hôm nay bận ________ hôm qua.

❷ **A** Khi ________ bạn thường làm gì?

B Mình ________ đi chụp ảnh.

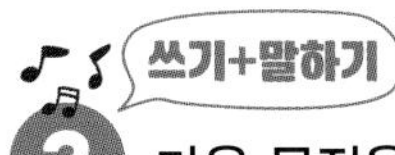

3 다음 문장을 베트남어로 쓰고, 말해보세요.

A 오늘도 바쁜가요?

➡ ______________________

B 네, 오늘이 어제보다 더 바빠요.

➡ ______________________

읽기

4 다음 문장을 읽고 질문에 답하세요.

Sumi, Yujin, Hoa là bạn của nhau.
3 người bằng tuổi nhau.
Hoa cao nhất trong 3 người.
Sumi thấp hơn Yujin.
Sumi có thể nói tiếng Việt.
Nhưng Yujin nói tiếng Việt giỏi nhất trong lớp.

• thấp 텁 ⓗ 키가 작은

❶ 호아가 세 명 중 가장 작다. (O / X)

❷ 수미가 반에서 베트남어를 가장 잘한다. (O / X)

어휘 확장해보GO

녹음을 듣고, 정확한 발음으로 감정 표현 관련 어휘를 따라 읽어 보세요. Track 16-08

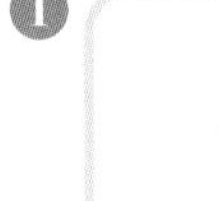

1

부이
vui
기쁜

2

하잉 푸
hạnh phúc
행복한

3

부온
buồn
슬픈

4

멧
mệt
지친

5

더이
đói
배고픈

6

너
no
배부른

7

투 비
thú vị
재미있는

8

짠
chán
지루한

9

뜩 지언
tức giận
화나는

베트남을 만나보GO!

★ 베트남의 도로명 표지판 ★

도로명으로 어디든 찾아 갈 수 있어요!

베트남을 다니다 보면, 거리마다 쉽게 도로명 표지판을 볼 수 있습니다. 베트남은 도로명 체계가 잘 잡혀 있기 때문에 베트남 사람들은 우리와는 달리 지명이나 건물명보다 도로명과 번지수가 훨씬 익숙한 편입니다. 주소만 있으면 처음 온 외국인도 집을 찾아갈 수 있을 정도로 찾기가 쉬우며, 택시를 이용할 때 도로명과 번지수를 말해야 찾아 갈 수 있습니다.

또한, 베트남의 도로명은 왕, 장군, 시인 등 역사 속 위인의 이름이나 역사적인 사건명으로 되어있습니다. 예를 들어, 호찌민시의 여행자 거리로 유명한 '팜 응우라오(Phạm Ngũ Lão)'는 유명한 베트남의 장군으로, '쩐 흥 다오(Trần Hưng Đạo)' 장군을 도와 1284년과 1288년 두 번이나 몽골군의 침략을 물리치는데 큰 공을 세웠습니다.

당연히 쩐 흥 다오 장군의 이름을 가진 도로명도 역시 존재합니다. 또한 '바 탕 하이(Ba Tháng Hai)' 길은 우리말로 2월 3일을 의미하는데, 이날은 베트남 공산당의 설립일을 기려 만든 이름입니다.

한편 베트남의 주소 표기는 그 순서가 우리나라와 반대입니다. 예를 들어, '호찌민시-1군(구)-딩 띠엔 호앙(Đinh Tiên Hoàng) 거리-10번지'의 건물 주소를 베트남식으로 표기하면 'số 10, đường Đinh Tiên Hoàng, Quận 1, TP. Hồ Chí Minh,'이 됩니다. 거리명 앞에는 길 또는 거리라는 뜻의 단어를 반드시 붙여 표현하는데, 하노이에서는 'phố(포)', 호찌민시는 'đường(드엉)'을 사용합니다.

정답 & Index

녹음 대본 및 정답

01과 36~37쪽

녹음 대본

1 ❶ **A:** Xin chào!
B: Xin chào!
❷ **A:** Tạm biệt!
B: Hẹn gặp lại.

1 ❶ O ❷ O

2 ❶ **A:** Xin / chào
❷ **B:** được / gặp

3 ❶ **A:** Chào anh ạ!
❷ **B:** Rất vui được gặp em.

4 ❶ **A:** 안녕하세요, 할아버지.
B: 안녕.
❷ **A:** 안녕하세요, 선생님. 만나게 되어서 반갑습니다.
B: 안녕. 나도 만나게 되어서 반가워.

02과 48~49쪽

녹음 대본

1 ❶ **A:** Em chào thầy ạ.
Lâu quá không gặp thầy.
B: Chào em. Em có khỏe không?
❷ **A:** Bạn có khỏe không?
B: Mình không khỏe.

1 ❶ O ❷ X

2 ❶ **A:** Lâu / không
❷ **A:** học **B:** Có

3 ❶ **A:** Tiếng Việt có khó không?
❷ **B:** Tiếng Việt khó.

4 ❶ **A:** 안녕. 건강하니(잘 지내니)?
B: 고맙습니다, 선생님. 저는 건강합니다. (잘 지냈습니다).
❷ **A:** 당신(남성)은 쌀국수를 먹나요?
B: 네, 저는 쌀국수를 먹어요.

03과 60~61쪽

녹음 대본

1 ❶ Tên tôi là Julia.
❷ **A:** Anh làm nghề gì?
B: Tôi làm nhân viên công ty.

1 ❶ O ❷ O

2 ❶ **A:** gì **B:** tên
❷ **A:** nghề **B:** làm

3 ❶ **A:** Anh làm nghề gì?
❷ **B:** Tôi làm nhân viên công ty.

4 ❶ 안녕하세요. 실례지만 당신의 이름이 무엇인가요?
❷ 나는 회사원이에요.
❸ 나는 대학생이 아니에요.

04과 72~73쪽

녹음 대본

1 ❶ **A:** Đây là thư viện, phải không?
B: Không phải, đây là bưu điện.

❷ A: Xin giới thiệu, đây là em trai mình.

B: Chào em.

1 ❶ O ❷ X

2 ❶ A: phải B: nhầm

❷ A: kia / quả

3 ❶ A: Kia có phải là quả đu đủ không?

❷ B: Không, đó là quả xoài.

4

민우 : 소개할게요. 여기는 수미고, 제 여동생이에요.
흐엉 : 안녕. 만나게 되어서 반가워. 너는 대학생이 맞지?
수미 : 네, 맞아요. 저는 대학생이에요.

❶ O ❷ O

05과 84~85쪽

녹음 대본

1 ❶ A: Bạn là người nước nào?

B: Mình là người Việt Nam.

❷ A: Bạn sống ở đâu?

B: Mình sống ở Seoul.

1 ❶ X ❷ O

2 ❶ A: nước B: đến

❷ A: ở đâu B: thủ đô

3 ❶ A: Bạn là người nước nào?

❷ B: Mình là người Việt Nam.

4

수지는 한국 사람이고 베트남에 살고 있다.
윌리엄과 수지는 하노이 대학교 대학생이다.
윌리엄과 수지는 베트남어를 공부하고 베트남어를 정말 잘 말한다.

❶ X ❷ X

06과 96~97쪽

녹음 대본

1 ❶ Mình có xe máy.

❷ Ở gần đây có tiệm cà phê nổi tiếng.

1 ❶ O ❷ O

2 ❶ A: làm B: với

❷ A: đi B: Hay

3 ❶ A: Ở gần đây có tiệm cà phê không?

❷ B: Có, ở gần đây có tiệm cà phê.

4

A: 이번 주말에 너는 시간이 있니?
B: 있어요. 무슨 일이 있나요?
A: 나는 너와 함께 영화 보러 가고 싶어.
B: 정말 좋아요. 영화 제목이 무엇인가요?
A: '그린 파파야 향기'야. 우리 보러 가자!

❶ O ❷ X

07과 108~109쪽

녹음 대본

1 ❶ A: Gia đình em có những ai?

B: Bố mẹ, em và em trai.

❷ A: Hôm qua bạn đã làm gì?

B: Mình đã nghỉ ở nhà.

1 ❶ X ❷ O

2 ❶ A: ai B: với

❷ A: sẽ B: đi

3 ❶ A: Ở Việt Nam, em đang sống với ai?

❷ B: Vâng, em đang sống với gia đình ạ.

4

A: 너는 무엇을 하고 있어?

B: 저는 베트남어를 공부하고 있어요.

A: 학교에서, 누가 베트남어를 가르쳐 주시니?

B: 호아 선생님께서 베트남어를 가르쳐 주세요. 호아 선생님이 저의 베트남어 선생님이에요.

A: 내일 뭐 할 거니?

B: 내일 집에서 쉴 거예요.

❶ 베트남어를 공부하고 있다.

❷ 내일 집에서 쉴 것이다.

08과 120~121쪽

녹음 대본

1 ❶ A: Anh đã kết hôn chưa?

B: Rồi. Tôi kết hôn gần 2 năm rồi.

❷ A: Bạn sắp về nước chưa?

B: Ừ. Thứ sáu này mình về nước.

1 ❶ O ❷ X

2 ❶ A: đã / chưa B: Rồi

❷ A: hơn

3 ❶ A: Bạn đã ăn cơm chưa?

❷ B: Chưa, mình chưa ăn.

4

A: 일이 다 끝났어요?

B: 응, 지금 막 끝났어.

A: 곧 출장을 가는 것이 맞죠?

B: 응, 내일 베트남으로 갈 거야.

❶ X ❷ X

09과 132~133쪽

녹음 대본

1 ❶ A: Bây giờ là mấy giờ?

B: Bây giờ là 9 giờ 10.

❷ A: Ca sĩ này bao nhiêu tuổi vậy?

B: Nghe nói anh ấy 16 tuổi.

1 ❶ X ❷ O

2 ❶ A: mấy giờ

❷ A: bao nhiêu B: Nghe nói

3 ❶ A: Năm nay anh ấy bao nhiêu tuổi vậy?

❷ B: Anh ấy 18 tuổi.

4

A: 우리 내일 몇 시에 만날까?

B: 우리 오전 11시에 만나자.

A: 너무 늦어! 우리 10시 반에 만나자.

B: 응.

❶ X ❷ O

10과 144~145쪽

녹음 대본

1 ❶ A: Hôm nay là ngày mấy?
B: Hôm nay là ngày 5 tháng 3.
❷ A: Bạn đến Việt Nam khi nào?
B: Tuần trước mình đã đến rồi.

1 ❶ X ❷ O

2 ❶ A: mấy
❷ A: Khi nào / về

3 ❶ A: Bao giờ chúng ta gặp?
❷ B: Chúng ta gặp thứ 7 này nhé.

4
오늘은 2월 15일이고 나의 생일이다.
그리고 내일은 우리 엄마의 생신이다.
나는 엄마를 위해 선물을 살 것이다.

❶ 오늘은 나의 생일이다.
❷ 엄마의 생신은 2월 16일이다.

11과 156~157쪽

녹음 대본

1 ❶ A: Hôm nay thời tiết thế nào?
B: Nóng lắm.
❷ A: Bây giờ thời tiết Hồ Chí Minh thế nào?
B: Trời nắng đẹp.

1 ❶ O ❷ X

2 ❶ A: Thời tiết B: chứ
❷ A: bao lâu B: gần

3 ❶ A: Chị học tiếng Việt bao lâu rồi?
❷ B: Tôi học tiếng Việt gần 2 năm rồi.

4
A: 네가 호찌민에 간다고 들었어. 어떻게 가니?
B: 나는 비행기를 타고 갈 거야.
A: 요즘 호찌민 날씨는 어때?
B: 정말 좋아.

❶ 비행기를 타고 간다.
❷ 날씨가 아주 아름답다.

12과 168~169쪽

녹음 대본

1 ❶ A: Công ty ABC đi thế nào ạ?
B: Anh đi thẳng một chút, đến ngã tư thì rẽ phải nhé.
❷ A: Bạn có từ điển Việt-Việt không?
B: Không, mình không có.

1 ❶ X ❷ X

2 ❶ A: Từ / đến
❷ A: cần B: nhiều

3 ❶ A: Bạn nói tiếng Việt được không?
❷ B: Được. Mình có thể nói tiếng Việt được.

4
A: 내일 시간 있나요?
B: 있어, 무슨 일 있니?
A: 저랑 같이 커피 마시러 갈 수 있나요?
B: 당연히 있지.
A: 내일 만나요.

❶ O ❷ X

13과 180~181쪽

녹음 대본

1 ❶ **A:** Cái váy này bao nhiêu ạ?
B: 6 trăm nghìn đồng, chị ạ.
❷ **A:** Bạn muốn ăn gì?
B: Mình sẽ ăn phở.

1 ❶ X ❷ O

2 ❶ **A:** Đắt **B:** giảm
❷ **A:** gì **B:** Để

3 ❶ **A:** Bạn muốn ăn gì?
❷ **B:** Để mình xem thực đơn.

4
A: 무엇이 필요하신가요?
B: 어머니께 선물하기 위해 치마 한 벌을 사고 싶어요.
A: 이것은 어떠세요?
B: 그 치마는 얼마예요?
A: 60만 동이에요.

❶ 어머니께 선물하기 위해
❷ 60만 동

14과 192~193쪽

녹음 대본

1 ❶ **A:** Bạn đã đi Đà Nẵng bao giờ chưa?
B: Chưa, mình chưa bao giờ đi Đà Nẵng.
❷ **A:** Sao hôm nay bạn đến muộn?
B: Vì có kẹt xe.

1 ❶ X ❷ O

2 ❶ **A:** đã / bao giờ
❷ **A:** vấn đề **B:** Sao

3 ❶ **A:** Bạn đã đi du lịch thành phố Hồ Chí Minh bao giờ chưa?
❷ **B:** Chưa, mình chưa bao giờ đi thành phố Hồ Chí Minh.

4
A: 너 '하얀 아오자이' 영화 봤어?
B: 응. 나는 봤어. 나는 그 영화를 정말 좋아해.
A: 너는 왜 '하얀 아오자이' 영화를 좋아하니?
B: 왜냐하면 이 영화배우가 정말 유명하기 때문이야. 너는 이 영화 봤어?
A: 아직. 오늘 오후에 볼거야.

❶ X
❷ 이 영화의 배우가 매우 유명하기 때문이다

15과 204~205쪽

녹음 대본

1 ❶ **A:** Hôm nay trông bạn có vẻ không khỏe.
B: Ừ, mình bị cảm rồi.
❷ **A:** Dạo này chị gầy đi phải không?
B: Ừ, chị bị căng thẳng nhiều quá.

1 ❶ O ❷ X

2 ❶ **A:** có vẻ **B:** bị
❷ **A:** đi **B:** giảm

3 ❶ **A:** Hôm nay trông bạn có vẻ không khỏe.
❷ **B:** Ừ, mình bị cảm nặng rồi.

4

A: 요즘 나는 살이 쪘어.
B: 무슨 일 있니?
A: 스트레스를 너무 받아! 요즘 정말 많이 먹어.
B: 너는 운동을 하는 것이 좋겠다.
건강이 좋아질 거야. 힘내!

❶ 살이 찌고 ❷ 운동할 것을

16과 216~217쪽

녹음 대본

1 ❶ A: Hôm nay chị cũng bận hả?
B: Ừ, hôm nay bận hơn hôm qua.

❷ A: Trước khi ngủ, bạn thường làm gì?
B: Trước khi ngủ mình thường đọc sách.

1 ❶ O ❷ O

2 ❶ A: cũng B: hơn
❷ A: rảnh B: thường

3 ❶ A: Hôm nay anh cũng bận hả?
❷ B: Ừ, hôm nay bận hơn hôm qua.

4

수미, 유진, 호아는 서로 친구이다.
세 명은 나이가 서로 같다.
호아는 세 명 중에서 가장 키가 크다.
수미는 유진이 보다 키가 작다.
수미는 베트남어를 말할 수 있다.
그러나 유진이가 반에서 베트남어를 가장 잘한다.

❶ X ❷ X

어휘 색인(Index)

A

B

C

cầu thủ	명 선수	212
có	감탄 응(편한 사이의 긍정 대답)	44
	동 있다, 가지다, 존재하다	90
có~không	의문문 형식을 만드는 구문	42
có lẽ	부 아마도, 아마	140
có thể	조동 ~할 수 있다	162
có vẻ	동 ~처럼 보이다	198
con	명 자녀, 아이	114
còn	접 그런데	42
cô	명 (여자) 선생님	54
cố lên	힘내, 파이팅	104
cốc	명 잔	163
công ty	명 회사	56
công việc	명 업무, 일	200
cơm	명 밥	118
của	전 (소유) ~의, ~의 것	66
cũng	부 ~도, 역시	32
cuối	명 끝	138
cuối tuần	명 주말	90

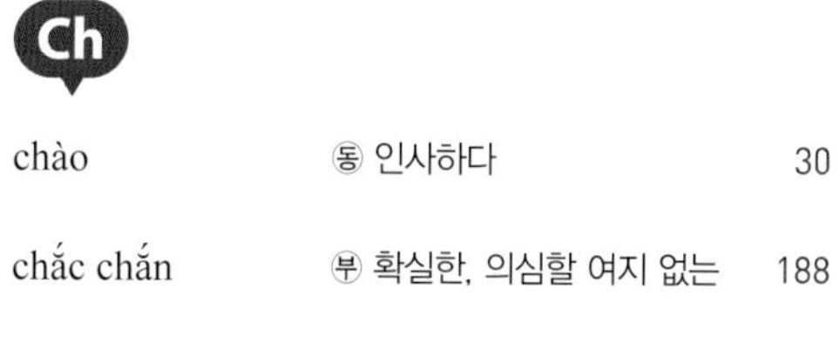

Ch

chào	동 인사하다	30
chắc chắn	부 확실한, 의심할 여지 없는	188
chăm chỉ	형 열심히 하는	103, 152
chị	대 당신(여성)	55
chỉ~thôi	부 단지 ~인	162
chiều nay	명 오늘 오후	138
cho	전 ~에게, ~을(를) 위하여	138
	동 ~하도록 하다(사역 동사)	162
chờ	동 기다리다	188
chơi	동 플레이하다	212
chủ nhật	명 일요일	116
chúc mừng	동 축하하다	114
chúng em	대 우리, 저희	176
chúng ta	명 우리	92
chụp ảnh	동 사진 찍다	212
chuyến	명 편, 노선	126
chuyện	명 일	92
chứ	부 (당연히/확실히) ~하지(확신을 나타냄)	150
chưa	부 아직 ~않다	114
chương trình	명 프로그램(콘서트)	126

D

dã ngoại	명 소풍, 나들이	90
dạo này	부 요즘	44
dạy	동 가르치다	109

H

K

Kh

L

M

N

Ng

Nh

Ô

ôi	(감탄) 오! (놀람을 나타냄)	66

Ơ

ở	(전) ~에, ~에서	80
ở đây	(부) 여기에	116
ơi	(부) 부르는 말	176

P

phải	(형) 옳은, 맞는	68
	(형) 오른쪽의	162
	(조동) ~해야 한다	198
phải không	그렇지?, 맞지?	68
phạt	(동) 벌하다	202
phim	(명) 영화	97, 104
phong cảnh	(명) 풍경	186
phở	(고유) 쌀국수	46
phở bò	(고유) 소고기 쌀국수	55
phút	(명) 분	126

Q

quà	(명) 선물	138
quả	(명) 과일, 열매	68
quá	(부) 매우, 너무	42
quê	(명) 고향	140
quốc tịch	(명) 국적	79
quyết định	(동) 결정하다	186

R

ra	(동) 증가의 변화를 나타냄	200
rảnh	(형) 한가한	212
rất	(부) 정말, 매우	32
rẽ	(동) 돌다, 꺾다	162
Ronaldo	(인명) 호날두	212
rồi	(부) 이미[완료]	105, 114
단위 + rưỡi	(명) 단위의 반	126

S

sáng	(명) 아침	133
sao	(의) 왜	188
sau	(부) 나중에, 후에	138
sau khi	(접) ~한 후에	210
sắp~chưa	곧 ~할 겁니까?	116

MEMO

발음부터 회화까지 한 달 완성

GO! 독학 베트남어 첫걸음

단어·회화 미니북 + 쓰기 노트 + 주제별 OPI 모범 답안

시원스쿨닷컴

발음부터 회화까지 **한 달** 완성

GO! 독학 베트남어 첫걸음

단어·회화 미니북 + 쓰기 노트 + 주제별 OPI 모범 답안

01과 Xin chào!
안녕하세요!

▣ 제시된 문장을 따라 읽으며, 정확하게 써보세요.

안녕하세요!

Xin chào!

Xin chào!

2

잘 가!

Tạm biệt!

Tạm biệt!

3

잘 가!

Tạm biệt!

Tạm biệt!

4

또 만나.

Hẹn gặp lại.

Hẹn gặp lại.

5 안녕하세요, 준우 씨!

Xin chào anh Junwoo ạ!

Xin chào anh Junwoo ạ!

6 만나게 되어서 정말 반가워요.

Rất vui được gặp anh.

Rất vui được gặp anh.

7 안녕하세요!

Anh chào em!

Anh chào em!

8 저도 만나게 되어서 정말 반가워요.

Anh cũng rất vui được gặp em.

Anh cũng rất vui được gặp em.

02과 Lâu quá không gặp thầy.
오랜만이에요.

▣ 제시된 문장을 따라 읽으며, 정확하게 써보세요.

안녕하세요, 선생님.

Em chào thầy ạ.

Em chào thầy ạ.

2

오랜만입니다.

Lâu quá không gặp thầy.

Lâu quá không gặp thầy.

3

건강하니(잘 지냈니)?

Em có khỏe không?

Em có khỏe không?

4

고맙습니다, 선생님. 저는 건강합니다(잘 지냈습니다).

Cảm ơn thầy. Em khỏe ạ.

Cảm ơn thầy. Em khỏe ạ.

5 요즘 너는 베트남어 공부하니?

Dạo này bạn có học tiếng Việt không?

Dạo này bạn có học tiếng Việt không?

6 응, 나는 베트남어 공부해.

Có, mình học tiếng Việt.

Có, mình học tiếng Việt.

7 베트남어는 어렵니?

Tiếng Việt có khó không?

Tiếng Việt có khó không?

8 아니. 베트남어는 어렵지 않아.

Không. Tiếng Việt không khó.

Không. Tiếng Việt không khó.

03과 Em tên là gì?
당신의 이름은 무엇인가요?

▣ 제시된 문장을 따라 읽으며, 정확하게 써보세요.

실례지만, 당신의 이름은 무엇인가요?

Xin lỗi, em tên là gì?

Xin lỗi, em tên là gì?

저는 준우라고 합니다.

Tên em là Junwoo.

Tên em là Junwoo.

그런데 선생님의 성함은 어떻게 되세요?

Còn tên cô là gì ạ?

Còn tên cô là gì ạ?

저는 링이에요, 호앙 투이 링.

Cô tên là Linh, Hoàng Thùy Linh.

Cô tên là Linh, Hoàng Thùy Linh.

5 당신의 직업은 무엇인가요?

Anh làm nghề gì?

Anh làm nghề gì?

6 저는 회사원이에요, 그런데 당신은요?

Anh làm nhân viên công ty, còn em?

Anh làm nhân viên công ty, còn em?

7 네, 저는 대학생이에요.

Vâng, em là sinh viên.

Vâng, em là sinh viên.

8 저도 만나게 되어서 정말 반가워요.

Em cũng rất vui được gặp anh.

Em cũng rất vui được gặp anh.

04과 Đó không phải là quả đu đủ.

그것은 파파야가 아니에요.

▣ 제시된 문장을 따라 읽으며, 정확하게 써보세요.

소개할게요. 이분은 뚜언 선생님입니다.

Xin giới thiệu, đây là thầy Tuấn.

Xin giới thiệu, đây là thầy Tuấn.

실례지만, 저는 뚜이엔이 아니에요.

Xin lỗi, thầy không phải là Tuyến.

Xin lỗi, thầy không phải là Tuyến.

제 이름은 뚜언입니다.

Tên của thầy là Tuấn.

Tên của thầy là Tuấn.

제가 착각했습니다.

Em nhầm ạ.

Em nhầm ạ.

5 이것은 코코넛이죠, 그렇죠?

Đây là quả dừa, phải không?

Đây là quả dừa, phải không?

6 네, 이 코코넛은 정말 맛있어요.

Vâng, dừa này ngon lắm.

Vâng, dừa này ngon lắm.

7 그런데 저것은 파파야가 맞나요?

Còn kia có phải là quả đu đủ không?

Còn kia có phải là quả đu đủ không?

8 아니요, 그것은 파파야가 아니에요.

Không, đó không phải là quả đu đủ.

Không, đó không phải là quả đu đủ.

05과 Bạn là người nước nào?

너는 어느 나라 사람이니?

▣ 제시된 문장을 따라 읽으며, 정확하게 써보세요.

너는 베트남어를 정말 잘하는구나!

Bạn nói tiếng Việt giỏi quá!

Bạn nói tiếng Việt giỏi quá!

2

너는 어느 나라 사람이니?

Bạn là người nước nào?

Bạn là người nước nào?

3

나는 미국 사람이야.

Mình là người Mỹ.

Mình là người Mỹ.

4

나는 한국에서 왔어.

Mình đến từ Hàn Quốc.

Mình đến từ Hàn Quốc.

5 한국에서 너는 어디에 살았니?

Ở Hàn Quốc bạn sống ở đâu?

Ở Hàn Quốc bạn sống ở đâu?

6 나는 서울에 살았어.

Mình sống ở Seoul.

Mình sống ở Seoul.

7 한국에서는 어디에서 공부했어?

Ở Hàn Quốc bạn học ở đâu?

Ở Hàn Quốc bạn học ở đâu?

8 나는 서울외국어대학교에서 공부했어.

Mình học ở trường đại học ngoại ngữ Seoul.

Mình học ở trường đại học ngoại ngữ Seoul.

06과 Bạn có thời gian không?

너는 시간이 있니?

▣ 제시된 문장을 따라 읽으며, 정확하게 써보세요.

1 이번 주말에 선생님은 무엇을 할 예정이세요?

Cuối tuần này thầy làm gì ạ?

Cuối tuần này thầy làm gì ạ?

2 나는 아내랑 나들이하러 드라이브 가려고 해.

Thầy dự định lái xe đi dã ngoại với vợ.

Thầy dự định lái xe đi dã ngoại với vợ.

3 선생님은 차를 가지고 있으세요?

Thầy có xe ô tô không ạ?

Thầy có xe ô tô không ạ?

4 나는 오토바이가 있어.

Thầy có xe máy.

Thầy có xe máy.

5 너는 시간이 있니?

Bạn có thời gian không?

Bạn có thời gian không?

6 무슨 일 있어?

Có chuyện gì không?

Có chuyện gì không?

7 우리 커피를 마시러 가자.

Chúng ta đi uống cà phê đi.

Chúng ta đi uống cà phê đi.

8 정말 좋아! 우리 가자.

Hay lắm! Chúng ta đi nhé.

Hay lắm! Chúng ta đi nhé.

07과 Em đang sống với ai?
너는 누구와 함께 살고 있니?

▣ 제시된 문장을 따라 읽으며, 정확하게 써보세요.

베트남에서 너는 누구와 함께 살고 있니?

Ở Việt Nam em đang sống với ai?

Ở Việt Nam em đang sống với ai?

2

저는 가족들과 함께 살고 있어요.

Em đang sống với gia đình ạ.

Em đang sống với gia đình ạ.

3

가족 구성원이 어떻게 되니?

Gia đình em có những ai?

Gia đình em có những ai?

4

부모님과 저, 그리고 남동생이에요.

Bố mẹ, em và em trai ạ.

Bố mẹ, em và em trai ạ.

5 내일 무엇을 할 거예요?

Ngày mai em sẽ làm gì?

Ngày mai em sẽ làm gì?

---

6 영화 보러 갈 거예요.

Em sẽ đi xem phim.

Em sẽ đi xem phim.

---

7 집에서 쉴 거예요.

Anh sẽ nghỉ ở nhà.

Anh sẽ nghỉ ở nhà.

---

8 요즘 일을 많이 했잖아요.

Dạo này anh đã làm việc nhiều mà.

Dạo này anh đã làm việc nhiều mà.

08과 Anh đã kết hôn chưa?
당신은 결혼을 했나요?

▣ 제시된 문장을 따라 읽으며, 정확하게 써보세요.

1 당신은 결혼을 했나요?

Anh đã kết hôn chưa ạ?

Anh đã kết hôn chưa ạ?

2 저는 결혼한 지 2년이 되었어요.

Anh lập gia đình gần 2 năm rồi.

Anh lập gia đình gần 2 năm rồi.

3 그러면 아이는 있나요?

Thế anh đã có con chưa ạ?

Thế anh đã có con chưa ạ?

4 아직이요, 하지만 지금 제 아내가 임신 중이에요.

Chưa, nhưng bây giờ vợ anh đang mang thai.

Chưa, nhưng bây giờ vợ anh đang mang thai.

5 곧 귀국하지?

Bạn sắp về nước chưa?

Bạn sắp về nước chưa?

6 응, 이번 주 일요일에 귀국해.

Ừ, chủ nhật này mình về nước.

Ừ, chủ nhật này mình về nước.

7 너는 베트남에 이미 1년 넘게 있었지, 그렇지?

Bạn ở Việt Nam hơn 1 năm rồi, phải không?

Bạn ở Việt Nam hơn 1 năm rồi, phải không?

8 시간이 정말 빠르게 지나간 것 같아!

Thời gian trôi nhanh quá!

Thời gian trôi nhanh quá!

09과 Bây giờ là mấy giờ?

지금 몇 시니?

▣ 제시된 문장을 따라 읽으며, 정확하게 써보세요.

지금은 몇 시니?

Bây giờ là mấy giờ?

Bây giờ là mấy giờ?

지금은 5시 되기 10분 전이야.

Bây giờ là 5 giờ kém 10.

Bây giờ là 5 giờ kém 10.

버스가 5시에 출발하잖아.

Xe buýt khởi hành lúc 5 giờ mà.

Xe buýt khởi hành lúc 5 giờ mà.

30분마다 차편이 있어.

Mỗi 30 phút có 1 chuyến đấy.

Mỗi 30 phút có 1 chuyến đấy.

5 그는 올해 나이가 몇 살이야?

Năm nay anh ấy bao nhiêu tuổi vậy?

Năm nay anh ấy bao nhiêu tuổi vậy?

6 내가 듣기로 그는 올해 16살이래.

Nghe nói năm nay anh ấy 16 tuổi.

Nghe nói năm nay anh ấy 16 tuổi.

7 그는 가수이면서 배우야.

Anh ấy vừa là ca sĩ vừa là diễn viên đấy.

Anh ấy vừa là ca sĩ vừa là diễn viên đấy.

8 정말 멋지다! 나는 오늘 막 알게 됐어.

Giỏi quá! Hôm nay mình mới biết.

Giỏi quá! Hôm nay mình mới biết.

10과 Hôm nay là ngày mấy?
오늘은 며칠이니?

▣ 제시된 문장을 따라 읽으며, 정확하게 써보세요.

오늘은 며칠이니?

Hôm nay là ngày mấy?

Hôm nay là ngày mấy?

오늘은 3월 13일이야.

Hôm nay là ngày 13 tháng 3.

Hôm nay là ngày 13 tháng 3.

그런데 너는 생일이 언제야?

Còn sinh nhật của bạn là ngày nào?

Còn sinh nhật của bạn là ngày nào?

내 생일은 이번 달 말이야.

Sinh nhật của mình là ngày cuối tháng này.

Sinh nhật của mình là ngày cuối tháng này.

5 선생님은 고향에 언제 가세요?

Khi nào cô sẽ về quê ạ?

Khi nào cô sẽ về quê ạ?

6 이번 주 일요일에 갈 예정이야.

Chủ nhật này cô sẽ về.

Chủ nhật này cô sẽ về.

7 이번 설날에 너는 미국에 가니?

Còn Tết này, em có đi Mỹ không?

Còn Tết này, em có đi Mỹ không?

8 저는 아직 비행기 표 예매를 안 했어요.

Em chưa đặt vé máy bay.

Em chưa đặt vé máy bay.

11과 Thành phố Hồ Chí Minh rất nóng.
호찌민의 날씨는 매우 더워요.

▣ 제시된 문장을 따라 읽으며, 정확하게 써보세요.

하노이의 겨울은 정말 추워요.

Vào mùa đông, Hà Nội lạnh lắm ạ.

Vào mùa đông, Hà Nội lạnh lắm ạ.

2

그런데 호찌민의 날씨는 어때요?

Còn ở thành phố Hồ Chí Minh trời thế nào em?

Còn ở thành phố Hồ Chí Minh trời thế nào em?

3

북쪽과 남쪽의 날씨가 서로 다른가요?

Thời tiết miền Bắc và miền Nam khác nhau hả?

Thời tiết miền Bắc và miền Nam khác nhau hả?

4

당연히 다르죠!

Khác nhau chứ ạ!

Khác nhau chứ ạ!

5 너는 베트남어를 공부한 지 얼마나 됐니?

Em học tiếng Việt bao lâu rồi?

Em học tiếng Việt bao lâu rồi?

6 저는 베트남어를 공부한 지 2년 가까이 됐어요.

Em học tiếng Việt gần 2 năm rồi.

Em học tiếng Việt gần 2 năm rồi.

7 베트남어를 어떻게 공부했니?

Em học tiếng Việt như thế nào vậy?

Em học tiếng Việt như thế nào vậy?

8 저는 자주 베트남 친구들을 만나고 베트남 영화를 봐요.

Em hay gặp bạn Việt Nam và xem phim Việt Nam.

Em hay gặp bạn Việt Nam và xem phim Việt Nam.

12과 Em có thể đi bộ được không?
제가 걸어서 갈 수 있을까요?

▣ 제시된 문장을 따라 읽으며, 정확하게 써보세요.

ABC 외국어 센터는 어떻게 가나요?

Trung tâm ngoại ngữ ABC đi thế nào ạ?

Trung tâm ngoại ngữ ABC đi thế nào ạ?

2

조금 직진하셔서 두 번째 사거리에서 오른쪽으로 가세요.

Em đi thẳng một chút, đến ngã tư thứ 2 thì rẽ phải.

Em đi thẳng một chút, đến ngã tư thứ 2 thì rẽ phải

3

여기에서 거기까지는 먼가요?

Từ đây đến đó có xa không ạ?

Từ đây đến đó có xa không ạ?

4

멀지 않아요. 걸어서 갈 수 있어요.

Không xa. Em có thể đi bộ được.

Không xa. Em có thể đi bộ được.

5 너는 베(베트남어)–베(베트남어) 사전을 가지고 있니?

Bạn có từ điển Việt-Việt không?

Bạn có từ điển Việt-Việt không?

6 응, 빌려야 하니?

Có, bạn cần mượn không?

Có, bạn có cần mượn không?

7 사전이 없어서 숙제를 할 수가 없어.

Mình không thể làm bài tập vì không có từ điển.

Mình không thể làm bài tập vì không có từ điển.

8 만약에 도움이 필요하면 나한테 물어봐.

Nếu cần giúp thì bạn hỏi mình nhé.

Nếu cần giúp thì bạn hỏi mình nhé.

13과 Cái này bao nhiêu tiền?

이것은 얼마예요?

▣ 제시된 문장을 따라 읽으며, 정확하게 써보세요.

1

무엇이 필요하신가요?

Anh cần gì ạ?

Anh cần gì ạ?

2

저는 치마 한 벌을 사려고 해요.

Tôi muốn mua 1 cái váy.

Tôi muốn mua 1 cái váy.

3

이 치마는 어떠세요?

Anh thấy váy này thế nào?

Anh thấy váy này thế nào?

4

깎아주실 수 있을까요?

Chị giảm giá được không?

Chị giảm giá được không?

5 뭐 먹고 싶니?

Bạn muốn ăn gì?

Bạn muốn ăn gì?

6 메뉴 좀 볼게.

Để mình xem thực đơn.

Để mình xem thực đơn.

7 이 식당은 분 버 후에가 정말 맛있어.

Nhà hàng này có món bún bò Huế ngon lắm.

Nhà hàng này có món bún bò Huế ngon lắm.

8 분 버 후에 두 그릇 주세요.

Cho chúng em 2 bát bún bò Huế.

Cho chúng em 2 bát bún bò Huế.

14과 Em đã đi du lịch Đà Nẵng bao giờ chưa? 당신은 다낭에 여행 가본 적이 있나요?

▣ 제시된 문장을 따라 읽으며, 정확하게 써보세요.

당신은 다낭에 여행 가본 적이 있나요?

Em đã đi du lịch Đà Nẵng bao giờ chưa?

Em đã đi du lịch Đà Nẵng bao giờ chưa?

기차를 타고 가나요 아니면 비행기를 타고 가나요?

Anh đi tàu hỏa hay máy bay ạ?

Anh đi tàu hỏa hay máy bay ạ?

저는 비행기를 타고 갔어요.

Em đã đi bằng máy bay.

Em đã đi bằng máy bay.

비행기가 빠르고 편해요.

Đi máy bay vừa nhanh vừa tiện.

Đi máy bay vừa nhanh vừa tiện.

5

315호 방을 체크아웃하고 싶어요.

Tôi muốn trả phòng 315.

Tôi muốn trả phòng 315.

6

잠시만 기다려 주세요.

Anh chờ một chút.

Anh chờ một chút.

7

틀림없이 무슨 문제가 있는 것 같은데요.

Chắc chắn có vấn đề gì rồi.

Chắc chắn có vấn đề gì rồi.

8

왜 그러세요? 무슨 일이 있으신가요?

Sao anh? Có chuyện gì không ạ?

Sao anh? Có chuyện gì không ạ?

15과 Mình bị cảm nặng rồi.

나는 감기에 심하게 걸렸어.

▣ 제시된 문장을 따라 읽으며, 정확하게 써보세요.

오늘 너 몸이 안 좋아 보여.

Hôm nay trông bạn có vẻ không khỏe.

Hôm nay trông bạn có vẻ không khỏe.

나는 감기가 심하게 걸렸어.

Mình bị cảm nặng rồi.

Mình bị cảm nặng rồi.

3

진찰받으러 갔었니?

Bạn đã đi khám bệnh chưa?

Bạn đã đi khám bệnh chưa?

아직. 약만 먹었어.

Chưa. Mình chỉ uống thuốc thôi.

Chưa. Mình chỉ uống thuốc thôi.

5 요즘 당신 살이 빠진 것 맞죠?

Dạo này em gầy đi phải không?

Dạo này em gầy đi phải không?

6 네, 2kg이 줄었어요.

Vâng, em giảm 2 cân rồi ạ.

Vâng, em giảm 2 cân rồi ạ.

7 저는 당신이 승진했다고 들었는데요.

Anh nghe nói em được thăng chức mà.

Anh nghe nói em được thăng chức mà.

8 스트레스를 너무 많이 받아요.

Em bị căng thẳng nhiều lắm ạ.

Em bị căng thẳng nhiều lắm ạ.

16과 Hôm nay bận hơn hôm qua.
오늘이 어제보다 더 바빠요.

▣ 제시된 문장을 따라 읽으며, 정확하게 써보세요.

1 일 끝나고 우리 쇼핑하러 가요!

Sau khi làm việc xong chúng ta đi mua sắm đi!

Sau khi làm việc xong chúng ta đi mua sắm đi!

2 오늘은 안돼요.

Hôm nay không được.

Hôm nay không được.

3 오늘도 바쁘세요?

Hôm nay anh cũng bận hả?

Hôm nay anh cũng bận hả?

4 오늘이 어제보다 더 바빠요.

Hôm nay bận hơn hôm qua.

Hôm nay bận hơn hôm qua.

5 한가할 때 너는 보통 무엇을 하니?

Khi rảnh bạn thường làm gì?

Khi rảnh bạn thường làm gì?

6 나는 사진 찍으러 가.

Mình thường đi chụp ảnh.

Mình thường đi chụp ảnh.

7 스포츠 경기 중에 축구를 가장 좋아해.

Mình thích bóng đá nhất trong các môn thể thao.

Mình thích bóng đá nhất trong các môn thể thao.

8 호날두는 나와 키도 같고 나이도 같아.

Ronaldo cao bằng mình và bằng tuổi mình.

Ronaldo cao bằng mình và bằng tuổi mình.

주제별
OPI
모범 답안

OPI 01 자기 소개

모범 답안

Em chào thầy/cô. Rất vui được gặp thầy/cô. Em xin tự giới thiệu. Em tên là Hana. Năm nay em 28 tuổi.

Trước đây, em đã học 4 năm đại học ở thành phố Hồ Chí Minh, Việt Nam. Ở đó, em đã quen được rất nhiều bạn Việt Nam cũng như các bạn nước khác. Khi ấy, em đã luôn cố gắng nói chuyện với các bạn bằng tiếng Việt nhiều nhất có thể. Do đó, năng lực tiếng Việt của em đã trở nên tốt hơn rất nhiều.

Em cũng đã cùng các bạn đi du lịch ở nhiều nơi. Chúng em đã đi Huế, Đà Nẵng, Hội An, Mũi Né, Vũng Tàu, vân vân. Những nơi đó đều rất đẹp và đồ ăn cũng rất ngon. Đến bây giờ, em vẫn còn nhớ như in phong cảnh ở đấy. Em đã chụp rất nhiều ảnh khi còn ở Việt Nam. Mỗi khi nhớ Việt Nam, em đều mở ra xem lại những tấm ảnh đó.

Hồi ở Việt Nam, em đã ở trọ một mình. Bác chủ nhà trọ đó đã rất quan tam đến em. Cuối tuần, bác thường nấu đồ ăn ngon và mang tới cho em. Em rất nhớ bác ấy. Sau này, nếu em quay trở lại Việt Nam thì em nhất định sẽ đến thăm bác ấy.

해석

선생님, 안녕하세요. 만나게 되어서 반갑습니다. 자기 소개를 하겠습니다. 제 이름은 하나이고, 올해 28살입니다.

예전에 베트남 호찌민시에서 4년간 대학교를 다녔습니다. 거기에서 베트남 친구와 외국인 친구를 많이 사귀었습니다. 그때 저는 항상 친구들과 베트남어로 많이 이야기하려고 노력했습니다. 그래서 베트남어 실력이 많이 늘었습니다.

저는 친구들과 많은 곳으로 여행을 갔습니다. 저희는 후에, 다낭, 호이안, 무이내, 붕따우 등에 갔습니다. 그곳은 모두 아름답고 음식도 맛있었습니다. 저는 지금까지 그곳의 경치를 생생하게 기억하고 있습니다. 저는 베트남에 있었을 때 사진을 많이 찍었습니다. 베트남 생각이 날 때마다 그 사진들을 꺼내서 봅니다.

저는 베트남에서 혼자 자취를 했습니다. 그때, 집주인 아주머니는 저를 많이 챙겨 주셨습니다. 주말이면 아주머니는 맛있는 음식을 만들어서 저에게 가져다 주시고는 하셨습니다. 저는 아주머니가 많이 보고 싶습니다. 나중에 베트남에 돌아가면 꼭 아주머니를 찾아뵐 것입니다.

OPI 02 가족 소개

모범 답안

Em xin được giới thiệu về gia đình em. Hiện nay, em đang sống cùng với gia đình ở khu Sillim, thành phố Seoul. Gia đình em có 4 người: bố, mẹ, em và em gái. Bố em năm nay 50 tuổi, còn mẹ em 47 tuổi. Bố em là bác sĩ nên rất bận rộn. Còn mẹ em là giáo viên mầm non. Em gái em năm nay 19 tuổi. Tháng sau, em ấy sẽ thi đại học nên bây giờ em ấy đang học rất chăm chỉ.

Phía sau nhà em có một cái công viên. Sau khi ăn tối, gia đình em thường cùng nhau ra công viên đi dạo. Bố em rất thích leo núi. Vào ngày nghỉ, bố thường đi leo núi ở núi Seorak. Còn mẹ em thì lại thích nấu ăn. Mẹ nấu ăn rất ngon. Vì thế, mỗi khi đi xa, em thường rất nhớ những món ăn mẹ nấu. Cuối tuần, gia đình em hay đi dã ngoại. Khi đi dã ngoại, mẹ cũng thường chuẩn bị rất nhiều món ngon cho cả nhà.

Sau khi em gái em kết thúc kỳ thi đại học, cả nhà em sẽ đi du lịch Việt Nam. Em rất mong chờ vào chuyến du lịch lần này. Em rất yêu gia đình em. Em mong cả nhà em sẽ mãi sống hạnh phúc bên nhau như bây giờ.

해석

제 가족을 소개하겠습니다. 현재 저는 가족과 함께 서울의 신림동에 살고 있습니다. 제 가족은 네 명입니다. 아버지, 어머니, 저, 그리고 여동생입니다. 올해 아버지는 50세이고, 어머니는 47세입니다. 아버지는 의사신데 매우 바쁩니다. 그리고 어머니는 유치원 선생님입니다. 여동생은 올해 19살입니다. 다음 달에 동생은 수능 시험을 볼 것이라서 지금 열심히 공부하고 있습니다.

저의 집 뒤에는 공원이 있습니다. 저녁 식사를 한 후에 우리 가족은 보통 공원에서 산책을 합니다. 아버지는 등산을 좋아하는데, 쉬는 날에 아버지는 설악산으로 등산을 하러 갑니다. 어머니는 요리하는 것을 좋아합니다. 어머니는 요리 실력이 아주 훌륭합니다. 그래서 멀리 떨어져 있을 때면 어머니가 해주시는 음식이 너무 그립습니다. 주말에 우리 가족은 자주 피크닉을 갑니다. 피크닉을 갈 때, 어머니는 가족을 위해 맛있는 음식을 많이 준비합니다.

제 여동생이 수능 시험이 끝나면 우리 가족은 베트남으로 여행을 갈 것입니다. 저는 이번 여행이 많이 기대됩니다. 저는 제 가족을 매우 사랑합니다. 우리 가족이 지금처럼 영원히 행복하게 살았으면 좋겠습니다.

OPI 03 취미 1

모범 답안

Em xin được giới thiệu về sở thích của em. Em rất thích đi du lịch. Em đã đi du lịch ở nhiều nơi. Gần đây, em đã đi Nhật Bản và Singapore. Phong cảnh ở đó rất đẹp. Thời tiết khá mát mẻ và đồ ăn cũng rất ngon. Nhưng vật giá thì đắt hơn Hàn Quốc một chút.
Tháng sau, em dự định sẽ đi du lịch Đài Loan. Nghe nói Đài Loan rất đẹp nên em rất là háo hức. Có rất nhiều món ăn mà em muốn thử ở chợ đêm Đài Loan.
Em còn có một sở thích khác nữa, đó là sưu tập tiền xu của các nước. Mỗi khi đi du lịch, em đều tìm tiền xu của nước đó và mang về. Hiện tại, em đã sưu tập được tiền xu của các nước như Nhật Bản, Singapore, Trung Quốc, Việt Nam, Thái Lan, vân vân. Đợi tới tháng sau là em có thể sưu tập thêm tiền xu của Đài Loan nữa rồi.

해석

제 취미를 소개하겠습니다. 저는 여행 가는 것을 매우 좋아합니다. 저는 많은 곳을 여행했는데, 최근에는 일본과 싱가포르에 갔습니다. 그곳의 풍경은 매우 아름다웠습니다. 날씨가 시원하고 음식도 매우 맛있었습니다. 하지만 물가가 한국보다 조금 높았습니다.
저는 다음 달에 대만으로 여행을 갈 예정입니다. 대만은 아주 아름답다고 들어서 너무 기대됩니다. 대만 야시장에서 먹어보고 싶은 음식이 많습니다.
저는 또 다른 취미가 있습니다. 여러 나라의 동전을 수집하는 것입니다. 여행을 갈 때마다 그 나라의 동전을 가져옵니다. 지금 저는 일본, 싱가포르, 중국, 베트남, 태국 등의 동전을 수집했습니다. 다음 달에는 대만의 동전도 수집할 수 있을 것 같습니다.

OPI 04 취미 2

모범 답안

Khi có thời gian, em thường chơi game online. Em hay chơi bằng điện thoại di động và máy tính. Khi chơi game online, em không những giải tỏa được căng thẳng mà còn làm quen được với rất nhiều bạn. Vào cuối tuần, em thỉnh thoảng cùng bạn tới quán net để chơi vì tốc độ mạng ở quán net nhanh hơn ở nhà. Em đã thử chơi rất nhiều loại game rất khác nhau nhưng em vẫn thích game A nhất. Vì game A rất thú vị và đồ họa cũng rất đẹp mắt.

Mọi người thường nói chơi game online là không tốt. Nhưng em nghĩ game online có cả điểm tốt và điểm xấu. Điểm tốt là game online có thể giúp chúng ta giải tỏa được căng thẳng và làm quen được với nhiều bạn mới. Cũng nhờ game online mà em đã quen được nhiều bạn Việt Nam hơn. Khi em sống ở Việt Nam, các bạn ấy đã giúp đỡ em rất nhiều. Thật tiếc là bây giờ em đã quay trở về Hàn Quốc rồi nên không thể thường xuyên liên lạc với các bạn ấy được nữa.

Nhưng nếu chơi game online quá nhiều thì sẽ gây lãng phí thời gian và tổn hại tới sức khỏe. Vì vậy, chúng ta nên chơi game một cách vừa phải để không gây ảnh hưởng đến cuộc sống của bản thân.

해석

시간이 있을 때, 저는 온라인 게임을 합니다. 저는 휴대 전화와 컴퓨터로 자주 합니다. 온라인 게임을 할 때, 저는 스트레스 해소가 될 뿐만 아니라 많은 친구를 사귑니다. PC방의 인터넷 속도가 집보다 더 빠르기 때문에 주말에 저는 가끔 친구와 함께 PC방에 가서 게임을 합니다. 저는 여러 종류의 다른 게임을 많이 해봤는데 A 게임을 가장 좋아합니다. A 게임은 재미있고 그래픽도 뛰어나기 때문입니다.

사람들은 보통 온라인 게임이 좋지 않다고 말합니다. 하지만 저는 온라인 게임이 좋은 점도 있고 나쁜 점도 있다고 생각합니다. 좋은 점은 스트레스를 해소하고 새로운 친구들을 많이 사귀는 데에 도움이 된다는 것입니다. 온라인 게임 덕분에 저는 베트남 친구를 많이 알게 되었습니다. 베트남에 살았을 때, 그 친구들이 저를 많이 도와주었습니다. 아쉽게도 지금은 한국에 돌아와서 연락을 자주 하지는 못합니다.

하지만 온라인 게임을 많이 하게 되면 시간을 낭비하고 건강에도 좋지 않습니다. 그래서 생활에 영향을 주지 않는 선에서 게임을 적당히 해야 한다고 생각합니다.

OPI 05 학교 소개

모범 답안

Em xin được giới thiệu về ngôi trường của em. Hiện nay, em là sinh viên năm thứ 3 trường Đại học Ngoại ngữ Seoul. Em học khoa tiếng Việt. Trước truòng em có trạm xe buýt nên em thường đi học bằng xe buýt. Từ nhà em tới trường nếu đi bằng xe buýt thì mất khoảng 30 phút.

Trong trường em có căn tin nên em hay ăn trưa ở căn tin. Bên cạnh căn tin là thư viện. Thư viện của trường em rất to và đẹp. Trong thư viện có rất nhiều sách. Sau khi học xong, em thường tới thư viện để đọc sách. Vào kỳ thi, em cũng thường đến thư viện để ôn thi. Phía sau thư viện có hàng cây ngân hạnh rất đẹp. Vì thế nên vào mùa thu, rất nhiều bạn sinh viên trong trường tới đây để chụp ảnh.

Văn phòng khoa của em nằm ở tầng 2 tòa nhà C. Khoa em có 5 giáo viên: 3 giáo viên người Hàn Quốc và 2 giáo viên người Việt Nam. Trong các môn học, em thích nhất là môn Văn học Việt Nam. Tuy nó khá khó nhưng lại rất thú vị.

Phía trước cổng chính trường em có một quán cà phê mà em rất thích. Cà phê ở đó rất hợp với khẩu vị của em nên em thường hay ghé vào đó mua cà phê trước khi vào giờ học. Mỗi khi đến trường em đều cảm thấy rất thoải mái nên em rất thích đến trường. Em rất yêu trường của em.

해석

학교에 대해 소개하겠습니다. 현재 저는 서울외국어대학교 3학년에 재학 중입니다. 저는 베트남어 학과를 다니고 있습니다. 학교 앞에는 버스 정류장이 있어서 보통 저는 버스로 등교합니다. 저희 집에서 학교까지 버스로 약 30분 정도 걸립니다.

학교 안에 매점이 있어서 저는 매점에서 점심을 자주 먹습니다. 매점 옆에는 도서관이 있습니다. 학교의 도서관은 매우 아름답고 큽니다. 도서관 안에는 책이 많이 있습니다. 수업을 마친 후에, 보통 저는 도서관에 가서 책을 읽습니다. 시험 기간에는 도서관에 가서 공부합니다. 도서관 뒤에는 은행나무 가로수길이 있어서 매우 아름답습니다. 그래서 가을에는 많은 학생들이 사진을 찍으러 갑니다.

학과 사무실은 C빌딩 2층에 위치해 있습니다. 학과에는 5명의 선생님이 있습니다. 한국인 세 분, 베트남인 두 분입니다. 저는 과목 중에 베트남 문학을 가장 좋아합니다. 어렵지만 매우 재미있습니다.

또, 학교 정문 앞에 제가 좋아하는 카페가 있습니다. 그곳의 커피는 제 입맛에 딱 맞아서 수업을 가기 전에 커피를 사러 자주 들립니다. 학교에 갈 때 저는 너무 편안하게 느껴서 학교 가는 것을 너무 좋아합니다. 저는 학교를 매우 사랑합니다.

OPI 06 직장 소개

모범 답안

Em xin tự giới thiệu về công ty của em. Công ty em là một công ty thương mại. Em làm ở đây được 1 năm rồi. Công ty em nằm gần công viên Yeouido, thành phố Seoul. Em cũng sống ở Seoul nên đi làm rất tiện. Em thường đi làm bằng xe buýt mất khoảng 50 phút. Hiện giờ, em đang làm ở bộ phận kinh doanh. Bộ phận em có rất nhiều nhân viên. Em làm việc 1 tuần 5 ngày, từ 9 giờ sáng đến 6 giờ tối. Nhưng khi có nhiều việc, em cũng thỉnh thoảng ở lại làm thêm vào buổi tối nữa. Giờ ăn trưa của công ty là từ 12 giờ đến 1 giờ.

Hiện nay, công ty em đang đầu tư vào Việt Nam nên em thường xuyên được cử đi công tác ở Việt Nam. Công ty em có chi nhánh ở Hà Nội. Chi nhánh ở Hà Nội có rất nhiều nhân viên và môi trường làm việc cũng rất tốt. Sau này, em rất muốn sang đó làm việc nên bây giờ em đang cố gắng học tiếng Việt một cách chăm chỉ.

해석

회사를 소개하겠습니다. 제 회사는 무역 회사입니다. 저는 여기에서 일한 지 1년이 되었습니다. 회사는 서울 여의도 공원 근처에 있습니다. 저는 서울에 살고 있어서 출근하기 매우 편리합니다. 저는 보통 버스로 출근을 하는데 50분 정도 걸립니다. 지금 저는 경영팀에서 일하고 있습니다. 제 부서에는 많은 직원이 있습니다. 저는 주 5일 근무를 하고, 오전 9시부터 오후 6시까지 일합니다. 그런데 일이 많이 있을 때에는, 가끔 야근을 합니다. 점심시간은 12시부터 1시까지입니다.

현재 회사는 베트남에 투자하고 있습니다. 그래서 저는 베트남으로 자주 출장을 갑니다. 회사는 하노이에 지사가 있습니다. 하노이에 있는 지사에는 많은 직원이 있고 근무환경도 좋습니다. 나중에 거기로 가서 일하고 싶어서 지금 베트남어를 열심히 배우고 있습니다.

OPI 07 한국의 여행지 소개

모범 답안

Sau đây em xin giới thiệu về đất nước của em – Hàn Quốc. Hàn Quốc có bốn mùa: xuân, hạ, thu, đông. Mùa xuân có hoa anh đào nở rất đẹp. Thời tiết cũng rất ấm áp. Vì vậy, mọi người thường đến công viên để ngắm hoa anh đào.
Dạo này, mùa hè Hàn Quốc rất nóng. Vào mùa hè, em thích đi đảo Jeju. Cảnh ở đảo Jeju rất đẹp và trà xanh ở đây cũng rất ngon.
Còn mùa thu Hàn Quốc thì lại rất nổi tiếng với cây lá phong đỏ. Nếu thầy/cô tới Hàn Quốc vào đúng dịp mùa thu thì có thể đi ngắm lá phong. Đặc biệt, phong cảnh núi Seorak đỏ rực lên vì lá phong đổi màu vào thời gian ấy rất đẹp.
Mùa đông Hàn Quốc rất lạnh. Vì tuyết rơi rất nhiều.
Nhiều du khách du lịch khi đến Hàn Quốc thì rất thích tới khu Insadong và các công viên giải trí. Insadong là một khu phố cổ của Hàn Quốc. Nếu tới đây, mọi người có thể thấy được các ngôi nhà truyền thống của Hàn Quốc, cũng như có thể mua được các loại trà và các món đồ lưu niệm truyền thống của Hàn Quốc.
Ở Hàn Quốc có rất nhiều công viên giải trí. Nếu tới đó, mọi người có thể trải nghiệm được rất nhiều trò chơi thú vị khác nhau. Em thì thích chơi trò tàu lượn siêu tốc nhất vì nó có thể giúp em giải toả được căng thẳng.

해석

우리 나라 한국에 대해 소개하겠습니다. 한국은 봄, 여름, 가을, 겨울 사계절이 있습니다. 봄에는 벚꽃이 예쁘게 핍니다. 날씨도 따뜻합니다. 사람들은 벚꽃을 구경하기 위해서 공원에 자주 갑니다.
요즘 한국의 여름은 매우 덥습니다. 여름에 저는 제주도에 가는 것을 좋아합니다. 제주도는 경치가 너무 아름답고 녹차가 정말 맛있습니다.
그리고 한국의 가을은 단풍이 유명합니다. 선생님께서 가을에 한국에 오신다면 아름다운 단풍을 구경하실 수 있습니다. 특히, 그때 단풍으로 붉게 물든 설악산의 풍경은 매우 아름답습니다.
한국의 겨울은 매우 춥습니다. 왜냐하면 눈이 많이 오기 때문입니다.
많은 여행객은 한국에 오면 인사동과 놀이공원을 갑니다. 인사동은 한국의 옛 모습의 동네입니다. 이곳에 오면 한국의 전통 건물을 볼 수 있고, 한국의 전통 차와 여러 전통 기념품을 살 수 있습니다.
한국에는 많은 놀이공원이 있습니다. 그곳에 가면 다양하고 재미있는 놀이기구를 탈 수 있습니다. 저는 롤러코스터 타는 것을 가장 좋아합니다. 그 이유는 스트레스를 풀 수 있기 때문입니다.

OPI 08 베트남 교통수단 소개

모범 답안

Ở Việt Nam có nhiều phương tiện giao thông như xe buýt, xe máy, xe ô tô, vân vân. Người Việt Nam chủ yếu di chuyển bằng xe máy. Em rất thích đi xe ôm nên mỗi lần đến Việt Nam, em thường gọi xe ôm để đi. Đi xe ôm rất thú vị. Giá cả cũng rẻ hơn tắc xi và các chú tài xế cũng rất thân thiện. Điều mà làm em thích đi xe ôm nhất là em có thể vừa hóng gió vừa ngắm cảnh đường phố Việt Nam.

Khi đi xe ôm, chúng ta nên hỏi giá trước và cũng cần mặc cả một chút. Đi xe máy ở Việt Nam nhất định phải đội mũ bảo hiểm. Nhưng đi xe ôm thì chúng ta cũng không cần phải tự chuẩn bị mũ bảo hiểm vì tài xế đã chuẩn bị sẵn cho mình rồi.

Gần đây, ở Việt Nam, dịch vụ đặt xe online đang rất phát triển. Dù không biết tiếng Việt nhưng vẫn có thể đặt xe qua các ứng dụng trên di động. Vì vậy, người nước ngoài khi tới Việt Nam rất ưa dùng dịch vụ này.

해석

베트남에는 다양한 교통수단이 있는데 버스, 오토바이, 자동차 등이 있습니다. 베트남 사람은 주로 오토바이를 타고 이동합니다. 저는 베트남의 오토바이 택시인 쌔옴을 매우 좋아해서 베트남에 갈 때마다 쌔옴을 탑니다. 쌔옴을 타는 것은 매우 재미있습니다. 가격은 택시보다 저렴하고 기사님도 친절합니다. 제가 쌔옴 타는 것을 가장 좋아하는 이유는 바람을 쐬면서 베트남의 거리를 구경할 수 있다는 것입니다.

쌔옴을 탈 때는 가격을 먼저 물어봐야 하는데, 약간의 흥정도 필요합니다. 베트남에서도 오토바이를 탈 때 헬멧을 꼭 써야 합니다. 하지만 쌔옴을 탈 때는 헬멧을 따로 준비할 필요는 없습니다. 왜냐하면 기사님이 미리 준비해두기 때문입니다.

최근 베트남에서는 온라인 차량 예약 서비스가 발달하고 있습니다. 베트남어를 잘 알지 못해도 모바일 어플을 통해 차량을 예약할 수 있습니다. 그래서 외국인들은 베트남에서 이 서비스를 많이 이용하고 있습니다.

OPI 09 한국 전통 음식 소개

모범 답안

Người Hàn Quốc rất thích ăn kim chi. Kim chi là một món vừa ngon vừa tốt cho sức khỏe. Ngoài ra, Hàn Quốc còn có nhiều món ăn nổi tiếng khác như cơm trộn. Món cơm trộn nổi tiếng nhất ở Hàn Quốc là cơm trộn ở vùng Jeonju. Người Hàn Quốc thường ăn canh rong biển vào ngày sinh nhật. Ngày Tết thì ăn canh bánh gạo, còn Tết Trung Thu thì ăn bánh songpyeon. Vào mùa hè, người Hàn Quốc thường ăn mì lạnh hoặc gà hầm sâm để giải tỏa cái nóng. Đặc biệt, món gà hầm sâm có rất nhiều dinh dưỡng.
Khi đi du lịch đảo Jeju, mọi người thường ăn thịt lợn đen. Vì thịt lợn đen ở Jeju có mùi vị thơm ngon hơn thịt lợn bình thường.
Hàn Quốc cũng nổi tiếng với nhiều món ăn vặt như đá bào, bánh hotteok, bánh cá nướng, vân vân. Mọi người thường ăn đá bào vào mùa hè và ăn bánh hotteok vào mùa đông.
Canh đậu tương và canh kim chi là hai món canh nổi tiếng nhất của Hàn Quốc. Người Hàn Quốc thường ăn cơm kèm với nhiều món phụ. Ẩm thực Hàn Quốc rất phong phú và đa dạng. Nếu có dịp đến thăm Hàn Quốc, thầy/cô hãy nếm thử các món ăn này nhé.

해석

한국 사람은 김치 먹는 것을 매우 좋아합니다. 김치는 맛있고 건강에 좋은 음식입니다. 그 밖에도 한국에는 비빔밥과 같은 다른 유명한 음식들이 많이 있습니다. 한국에서 가장 유명한 비빔밥은 전주 지역의 비빔밥입니다. 한국 사람은 보통 생일에 미역국을 먹습니다. 설날에는 떡국을 먹고, 추석 때에는 송편을 먹습니다. 여름에는 더위를 해소하기 위해서 냉면이나 삼계탕을 자주 먹습니다. 특히 삼계탕은 영양가가 풍부한 음식입니다.
제주도에 여행 가면 사람들은 흑돼지고기를 많이 먹습니다. 제주 흑돼지고기는 일반 돼지고기보다 더 맛있기 때문입니다.
또한, 한국은 팥빙수, 호떡, 붕어빵 등과 같은 여러 간식이 유명합니다. 사람들은 여름에 팥빙수를 먹고, 겨울에는 호떡을 즐겨 먹습니다.
된장찌개와 김치찌개는 한국의 가장 유명한 찌개입니다. 한국 사람들은 보통 밥을 먹을 때 반찬과 함께 먹습니다. 한국의 음식은 정말 다양합니다. 선생님께서 한국에 오시면 이 음식들을 꼭 드셔 보셨으면 좋겠습니다.

OPI 10 베트남 전통 음식 소개

모범 답안

Phở Việt Nam rất nổi tiếng với người Hàn Quốc. Khi ăn phở, người Việt Nam thường ăn kèm với rau mùi, chanh và tương ớt. Em thì không ăn được rau mùi.

Phở Việt Nam có nhiều loại khác nhau như phở bò, phở gà, phở trộn, vân vân. Em thích phở bò hơn phở gà. Lý do là nước phở bò đậm đà hơn và hợp với khẩu vị của em hơn. Và em thích uống coca cola cùng khi ăn phở.

Em cũng rất thích món bánh xèo. Nhưng thật tiếc ở Hàn Quốc không có nhiều nơi bán món này. Em nghe nói ở Việt Nam còn có nhiều món ăn ngon và đa dạng hơn nữa. Nếu có dịp, em muốn được ăn thử tất cả các món đó.

해석

베트남 쌀국수는 한국 사람에게도 유명합니다. 쌀국수를 먹을 때 베트남 사람들은 보통 고수, 라임, 칠리소스와 함께 먹는데, 저는 고수를 먹지 못합니다.

베트남 쌀국수는 종류가 다양합니다. 예를 들면 소고기 쌀국수, 닭고기 쌀국수, 비빔 쌀국수 등이 있습니다. 저는 닭고기 쌀국수보다 소고기 쌀국수를 더 좋아하는데, 그 이유는 소고기 쌀국수의 국물이 더 진해서 제 입맛에 더 잘 맞습니다. 그리고 저는 쌀국수를 먹을 때 콜라와 함께 먹는 것을 아주 좋아합니다.

저는 반쌔오(베트남식 부침개)도 좋아합니다. 그런데 아쉽게도 한국에는 이 음식을 파는 곳이 많지는 않습니다. 베트남에는 더 다양하고 맛있는 음식들이 많다고 들었는데, 기회가 되면 그 음식을 모두 먹어보고 싶습니다.